野村克也は東北で幸せだったのか

河北新報記者
金野正之

徳間書店

みんな死んでいくよな
もうすぐ自分の順番だ
残りわずかな人生
好きに生きたいけど
思うようにはいかんな

2009年6月26日
京セラドーム大阪のオリックス戦試合前雑談

目次

第2章 人生劇場 55

第3章 人を遺す 85

第8章　仙台の相棒たち　219

装幀／スズキ・クモ（ムシカゴグラフィクス）
写真提供／野村家、河北新報社

プロローグ　東北で何を成し遂げようとしたのか

私はだめな野村番記者だった。これこそがこの本の原点だ。

私が野村番だったのは野村楽天2年目から、２００７〜09年の3年間だ。スポーツ新聞を中心に当時すでに10年以上も野村監督の取材歴があるベテランが右にも左にもいた。

そもそも東北には04年秋に悲願の「おらがプロ球チーム」ができたばかり。そのタイミングで河北新報の本格的なプロ野球取材も始まった。私は30歳そこそこ、プロ野球取材は初めて。野村番でも末席だった。

試合前の東北楽天ベンチ、野村監督が二重、三重に集まった記者の中心で放談している時も、聞き役はスポーツ紙や夕刊紙の強者たちと決まっていた。

私はというと、監督の視界の外にいることが多かった。助かったのは、野村監督は放談中に言葉を記録されることを嫌がったことだ。上座では話した内容をメモできなかった。そこで私はこそこそと「議事録係」に徹し、上座の方々とギブ・アンド・テークして活路を探った。

最後の09年秋だ。野村監督は、球団から監督契約満了を告げられた。初めての地元クライマックスシリーズ（ＣＳ）開催権を得る2位に導いたにもかかわらず、だ。ＣＳの試合開始直前には、選手たちを集めたミーティングで「みんなと一緒にもっと野球がしたかった」と言って、嗚咽《おえつ》した。

対選手では絶対的権威を示し、弱みなど見せなかった野村監督が、だ。

　今更球団の判断が正しかったかと議論、検証する気はない。ただ当時の世論として、続投は地元ファンの総意に近い願いであり、プロ球界の通例だった。

　この時、野村監督の処遇、後任人事などの球団方針について、私はどういうわけか、いくつか1面級の特ダネをつかんだ。どうしても取材してきた年輪ではスポーツ紙や全国紙にかなわない新参とはいえ、これを字にすれば、地元紙としてようやく意地を見せられると思った。

　しかし、新聞には載らなかった。

　理由は単純。原稿は私のパソコンの中にとどまっていた。

「もし誤報だったら……」というリスクを解消する詰めの取材力が足らなかった。確信なく見切り発車する勇気がなかった。

　結局、送信されることのなかった原稿はどれも100％正しかった。

　迷っている私をよそに、それらのネタは次々とスポーツ紙の紙面を派手に飾った。

　私にとって、取り返しのつかない出来事になった。

　一つでも地元紙発のスクープ記事として書いていれば、もっと地元世論を巻き込んだだろう。ファンは野村監督の不本意な退任をかたくなに許さなかったのではないか？

　読者のための記者なのであれば、書いて問い掛けることが使命だったのではないか？

　私はしばらく悩み、無力感にさいなまれた。

ちょうど同じ頃、記者に囲まれて試合前のベンチで雑談していた野村監督は私を目の前にぼやいた。

「河北新報を味方にできなかった」

そのため息は、心から助けを求めていたのに、応じてもらえなかった絶望感に満ちていた。最も地元紙の使命感に期待しているのは、ほかでもない監督本人だったのだ。

私は何も言い返せず、黙って聞いているしかなかった。視界には入っていても、恐らく顔、名前、社名を一致して覚えられていないだろうと思ったから。

監督はそれから何日かにわたり、同じ言葉を発し続けた。人づてにも「そんなこと言っていたよ」と耳打ちされた。それでも、私は「ふうん」と言って聞かなかったことにした。

ノムさんのXデーに備えた原稿

野村監督は間もなく東北を去った。あの言葉は私の胸にとげのように刺さったまま、無視し続けられない状態になっていた。どこかであの言葉に対する返答を記事にしないと、この「痛み」は消えないと思った。

ただ不可能に近かった。基本的に監督でなくなってしまえば、ノムさんに面会する機会さえほとんどない。もう亡くなった時の弔いくらいでしか、ノムさんの原稿は書かないだろう。

私は詰まるところ、ノムさんの訃報を待っていた。

最初のタイミングは、監督退任から5年が過ぎた14年の暮れだ。

私は監督退任とともにプロ野球担当を外れ、山形県米沢市の支局勤務を経て、スポーツ部に戻って2年目だった。

79歳のノムさんが病に伏し、危ういらしい——。

そんな「野村大病説」が週刊誌などを通じて世に流れていた。

「これはXデーが近いんじゃねえかわ。年末年始を挟むし、急に死なれたらやんたなー。どう準備したらいいんだべー」

宮城県独特の方言が強いK部長が、珍しく社内にいた私に話し掛けてきた。

要するに「野村監督の最期に備えて急いで準備してほしい」という、遠回しの指示だ。

私はサッカー担当で年の瀬まで多忙を極めていた。J1ベガルタ仙台の残留争い、J2モンテディオ山形のJ1昇格可否や天皇杯決勝戦取材、正月特別紙面の準備……。さらに仕事を増やすことに、部長も気が引けたのだろう。

しかし、私は千載一遇の好機と思った。

あの頃の思い出と弔意を、新聞記事用の12字詰めで100行弱にまとめた。1本の原稿としては最大限の分量だ。それをプリントアウトしたA4用紙2枚を持って、翌朝、部長席へ向かった。

「なんならこれ使ってくださいよ」と仮タイトル「河北新報を味方にできなかった」と書いた原稿

を差し出した。

部長は一瞬驚いた表情でパソコン画面を閉じた。原稿を読んで、すぐにやりと笑った。

「俺も書き始めていたんだー、やっぱり番記者が長いお前の方が面白れえなー。よし、これを使うべ、んださー。それにしても、お前、なーんで俺が困ってるの分かったんだ。俺やってくれって言ったっけかわ。お前、仕事はえーなー」

謙遜もせず、「Xデーが近いって昨日言っていたじゃないですか」とだけ部長には返したが、実は執筆に数分しか時間を要さなかった。

原稿の原形はあの頃から準備してあったからだ。

09年秋当時の私には、野村監督がいつ亡くなってもおかしくない感覚があった。野村監督は後期高齢者目前の74歳。「俺、あした死ぬわ」などと常々死を意識した自虐的ジョークを多く発した。私には、なぜかそれが全くの冗談に聞こえなかった。執着し続けたプロ野球監督の座を追われた失意で体調を崩すかもしれないとも思えた。

結局「大病説」の冬は静かに春を迎えた。

内心は監督との別れが来なくて済んだ安心感が半分。残りは熱量を込めた原稿が使われなかった徒労感だった。

15、16、17、18年。プロ野球担当に戻っていた私は冬が来る度に最新版に手直しして備えた。不毛な作業であってほしいと半ば願いながら。

19年春の異動で私はスポーツ部を離れ、岩手県一関市の支局へ移ることになった。最後に出勤した3月30日、「何かあった時にはこの原稿を使ってください」と最新版を部に置いてきた。まさか次の冬に「その日」が来るとも知らず。

ぼやきの渦の中で

翌20年2月11日未明。野村監督は他界した。翌日の河北新報社会面、あの原稿は「評伝」として載った。

ついに願った日が来た。しかし「痛み」が消えた後に訪れたのは、恩義に全く報いていないむなしさだった。自分がなんとか野球記者っぽくなれたのは、ノムさんのおかげだからだ。

「ノムさん番の1年は、ほかの球団を3年経験するのより財産になるから、だまされたと思って頑張れ」

06年の暮れ、アマチュア野球担当からプロ野球担当に変わる時、過去にヤクルト担当を経験した他紙の先輩が激励してくれた言葉の意味が、体で分かるようになっていた。他紙のプロ野球取材10年クラスとしゃべっても一切気後れすることはなくなった。

何より、ノムさんが発したぼやきの渦の中に何年もいるうちに、ノムさん思考が私にインストールされていた。

試合の勘所になると、勝手に頭の中にノムさんが登場して展開を予測してくれるのだ。それは、ぼやきの物まねを伴って口を衝《つ》いてくる。心の機微などについての人間観察眼も鋭くなっていた。

「評伝」が載ってから、そんな述懐をぼんやりとしているうちに、次なる感情が湧いてきた。使命感とも言えようか。

野球における野村チルドレンは数え切れないほど誕生した。しかしグラウンド外で人生哲学「ノムさんの教え」を伝えていく人間はもういない。提唱者本人が去ってしまったのだ。それなら、語り部を担うのはわれわれ番記者ではないのか——。

そうだ、幸い私には大量の「議事録」がある。東北で見せた生き様を追体験し、ノムさんの教えにもう一度触れよう。それは新型コロナウイルス後を生きる人たちの道しるべになるかもしれない。私は気がついたら動き出していた。

ステイホームになったのを機にノムさんが残した膨大なぼやきを再検証した。20年5月、河北新報朝刊で「ノムさんの知恵」という短期連載を始めた。それが発展して翌21年5月からのオンライン連載「今こそノムさんの教え」となり、22年3月まで42回続いた。

連載終了後、私は根本的な疑問に正面から向き合わずに来てしまったことに気づく。

ノムさんは東北で何を成し遂げようとしたのか。なぜ、選手たちの前でまで涙まで流し、「河北新報を味方にできなかった」と嘆いてまで、「不幸な結末」を嫌ったのか？

この謎を解き明かそうと、私は取材に歩き始めた。しかし、そこでまさか考えもしなかった。いつまでもぼやきの深海をさまよっているシーラカンスのような私が、今まで野村番の誰もがたどり着けなかったノムさんの真の姿を知ることになろうとは……。

第1章　指導者の軌跡

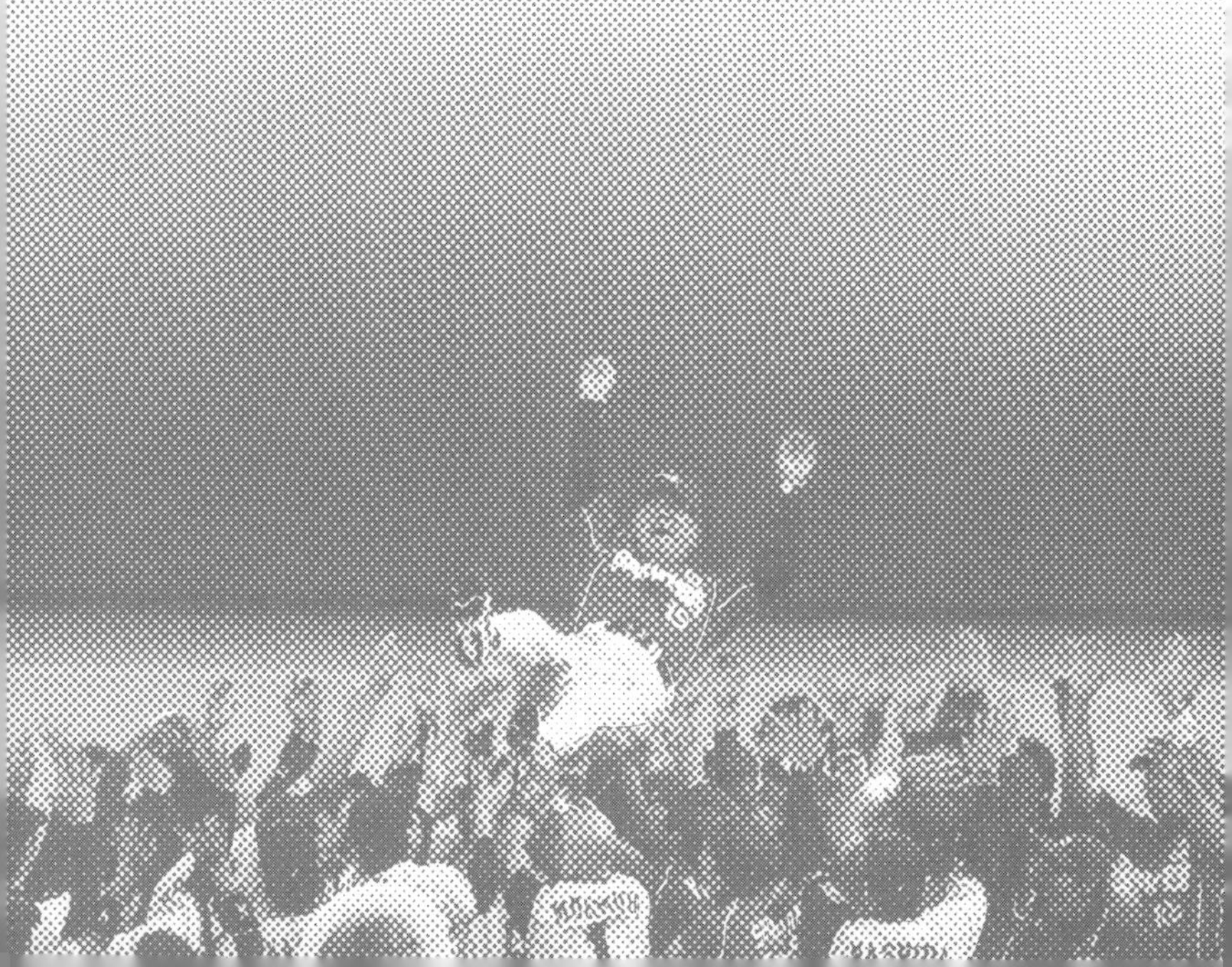

野村イズムとは何か？　極論すれば「己の弱さを認められること」だ。その可否が全ての出発点となる。弱さを課題として向き合える心の強さ、ある種の「克己心《こっきしん》」こそが自分を磨く原動力となるのだ。東北楽天の象徴、田中将大《まさひろ》投手。存在の礎《いしずえ》は野村監督との出会いなくして語り得ない。「高校生離れした精神面がある。今から大きく育てよう」。野村監督は既に見抜いていた。課題に立ち向かう意志の強さ。その塊が田中であると。

マー君、神の子、不思議な子

2007年2月の沖縄県久米島キャンプ。野村監督は会議でコーチ陣の度肝を抜く提案をする。「田中を開幕投手にしよう。それがだめなら、本拠地開幕戦の先発でもいい」

北海道・駒大苫小牧《とまこまい》高から入団してきたばかりの新人、田中将大投手は戦力不足の最下位にとって、紛れもない希望の星だった。

前年夏の甲子園で、斎藤佑樹《ゆうき》投手（元日本ハム）を擁する早稲田実業高と延長15回に及ぶ歴史的大熱戦を繰り広げ、ドラフトでも4球団競合の末に、東北にやってきた。

野村監督は大物選手との出会いは縁だと思ってきた。「エースや4番になる選手は天賦の才に左右される部分が大きい。育てようと思って育てられるものではない」。だから、「大器」を感じた金の卵には、早い段階から存分に経験を積ませて、飛躍を待つ考えでいた。かわいい子には旅をさせよ、というわけだ。

　それにしても超が4つ、5つ平気で付くような大抜擢だ。高卒新人の開幕戦先発は前例がない。野村監督が新人だった1950年代までさかのぼらなければ。

　さすがに側近たちもどうしていいか分からなかったのだろう。キャンプ中、地元の人たちがチームを歓待するパーティー。会場の片隅で、コーチの一人は私に長々と中間管理職の悩みを語った。オリオンビールを片手に。

「監督が田中にものすごく入れ込んでいるんだよなあ。確かに田中の人気を買って、本拠地開幕戦に起用するとかはあるかもしれない。でも、開幕だったら、どうしたらいいんだよ。もし田中になっちゃったら、岩隈《いわくま》（久志）とか、一場《いちば》（靖弘《やすひろ》）とか、今までこの弱いチームを支えてきた選手たちはどう思う?」

　私は「そりゃ、立場ないですよね」と返すしかなかった。

　そもそも高卒新人を開幕から1軍で勝負させること自体、大きなばくちだ。

　精神的に未熟な選手の場合、仮に好結果でスタートしても怖い。「俺はすごいんだ」と実力を過大評価し、伸び悩むリスクがあるからだ。

「平成の怪物」として甲子園を沸かせ、1999年に西武の新人としていきなり最多勝に輝いた松坂大輔のような例はごく一握り。ほとんどの高卒新人はまず2軍で心身を鍛え、2年目以降に飛躍の機会を待つ。

しかし野村監督は逆を張った。「どうせ戦力が足りないチームだ」。田中に賭ける決意をしたのが、2月1日のキャンプ初日。

「大器の片鱗《へんりん》を見た」。ブルペンで捕手の後ろに陣取った野村監督は、田中の投球を見てうなった。縦に大きく曲がるスライダーには「こんな変化球を投げるのはプロでもそういない」とまで。「1年目から期待できる。将来は球界のエースになる」と確信し、開幕から先発ローテーションに入れると決める。

エース岩隈の順調な調整ぶりがあって、田中開幕投手構想は徐々にトーンダウン。最終的に田中の初先発は3月29日の開幕5戦目、敵地ソフトバンク戦に決まる。

いざ当日。「思い切ってやってこい」。野村監督は田中を千尋《せんじん》の谷に突き落とすつもりで送り出す。しかし田中は見事にプロの洗礼を浴び、二回途中6失点でKOされた。

走者を置いた時に盗塁されやすいという技術的な欠点も露呈し、2軍行きがコーチ陣の頭をよぎる。それでも降板直後にベンチで悔しさをにじませる田中を見ていた野村監督は、その後も我慢の先発起用を繰り返した。「打たれた経験を生かせるはず」と信じて。

4月18日、先発4試合目の本拠地ソフトバンク戦、田中は持ち前の向上心と学習能力で技術面を改善し、変身した姿を見せる。「プロの打者にも余裕を持てた。見下せるような気持ちになれた」と闘魂むき出しで打者の内角を攻め、13三振を奪う完投勝利で雪辱を果たした。

8月3日本拠地でのソフトバンク戦、田中は先制点を許しながらも、打線の援護を得て逆転で勝

監督通算1500試合達成の記念球を勝利投手の田中から受け取る野村監督。（09年４月29日、クリネックススタジアム宮城　写真提供：河北新報社）

利投手となった。野村監督は試合後の記者会見、初登板以来感じていた田中の持つ独特のオーラを表現する。野村語録を代表する名文句で。

「マー君、神の子、不思議な子」

２００７年、「神の子」が先発した28試合のうち、劣勢を覆して敗戦投手にならなかったり、逆転で勝利投手になったりする試合が実に合計11度あった。シーズンを通して先発で回った田中は球団史上初の２桁勝利となる11勝を挙げ、松坂以来の高卒１年目の新人王に輝く。

それから６年が過ぎた13年、田中は24勝無敗という神懸かった働きでチームを初の日本一に導く。「神の子」の名文句は、確かに発揮され始めた田中の神通力をいち早く表現し、ほめて伸ばそうとしたエールでもあった。

困ったら原点に帰れ

「ばか」
野村監督が田中の頭を左手で小突いた。07年6月13日、中日戦の終了直後だった。田中はプロ初の完封勝利を挙げ、チームの連敗を4で止めた。本人も「100点」と言う結果。しかし野村監督は勝利をつかみに行く最後の詰め方を容認できなかった。団体競技であってはならない独善的な態度が少しだけ見られたからだ。「プロセスを重視するからプロ選手」と言って、結果オーライを許さない野村監督らしい苦言だった。

問題の場面は4点リードの2死一、二塁。田中は、9番への代打・中村公治《こうじ》（宮城・東北福祉大出）を1ボール2ストライクに追い込んだ。田中は鮮やかな奪三振で幕引きしようと、直球による力勝負を選択する。

「伸びのある真っすぐなら、当てられてもファウルになる」。18歳のやんちゃさゆえか。力を誇示したい「投手の美学」とも言える欲がにわかに出た。優先されるべき勝利最優先の意識が一瞬薄れたかのように。

いざ勝負。田中は捕手・藤井彰人のサインに首を振り、直球を投げた。しかし上ずる。剛球は3球連続ボール。結果四球を与え、満塁に傷口を広げる。本塁打で同点の窮地、相手は上位打線になる。さすがに1番の井端《いばた》弘和には一転して変化球攻めを徹底。フォークボールで空振り三振に仕留め、何とか幕は下ろした。

後日、2人に取材した。田中は小突かれた意味を理解していた。「色気が出た。ばかなことをした」と反省。もう聞かないでくれと言いたげな顔だった。

逆に野村監督は思い出しては繰り返しぼやいた。「いい格好をするにしても、中身が伴っていない」。制球力を最重視する教えに反していたからだ。

「ど真ん中の150キロと外角低めの130キロ。どっちが長打にならないと思う?」。野村監督は哲学者のように投手によく問い掛けていた。

正解は後者。野村監督は、打者の手が届きにくい外角低めを突く正確な制球力こそが、最も必要とされる基礎技術と提唱した。それを独自に「原点能力」と呼んだ。「何より原点能力を磨け。ピンチで投げる球がなくなり困ったら、原点に帰ってくればいい。それが身を助ける」と口酸っぱく伝えた。

野村監督が考える理想の投手とは誰か。西鉄(現西武)の稲尾和久だ。正確無比の制球力で「歴代最高右腕」と絶賛した。

稲尾は1958年の日本シリーズで先発に救援に大車輪の活躍をした鉄腕。「神様、仏様、稲尾様」と呼ばれた。シーズン42勝など今では現実的に到達不可能な記録を誇る大投手だ。

野村監督は契約最終年の2009年、今後のチームへ財産を残そうと、伸び盛りの田中を叱咤《しった》した。「稲尾を目指せ」「大投手への道を歩め」。好投した時は「神様、仏様、田中様」と大げさに称賛し、拝んだ。

「田中様」は時を経て、当然の賛辞と響く。

13年9月26日、初のリーグ制覇を賭けた敵地・西武戦。田中が、4－3で迎えた九回のマウンドに立った。稲尾のシーズン20連勝の記録をこの時点で21に更新中。昭和の大投手に肩を並べる別格の存在として神格化されていた。

チームは前の2戦連続でサヨナラ負け。田中は嫌なムードを断ち切る期待を受け、09年以来となる救援登板を引き受けた。だが、いきなり1死二、三塁に陥《おちい》る。

内野ゴロや外野フライでも同点になる。一打で逆転サヨナラ負けだ。優勝決定も、個人の大記録もついえる。栗山巧《たくみ》、浅村栄斗《ひでと》（現東北楽天）ら強打者が続く。暴投や捕逸の恐れから、低めへ落ちる変化球を続ける選択にもリスクがある。絶体絶命のピンチをどう切り抜けるか？

「今日の直球なら押し切れる」。捕手の嶋基宏《もとひろ》（現ヤクルトバッテリーコーチ兼作戦補佐）は開き直った。150キロ超の剛球での真っ向勝負をすることに決めた。6年前小突かれた試合と似た選択にも思える。しかしここからが、田中の真骨頂。あの時と比較にならないほど完璧な投球を見せる。

左打者の栗山には3球続けて外角いっぱいへの真っすぐ。最後は文字通りの見逃し三振に切って

クライマックスシリーズ第１ステージを勝ち抜き、ガッツポーズする田中投手と中谷捕手。（09年10月17日、クリネックススタジアム宮城　写真提供：河北新報社）

取った。さらに浅村へも一貫して直球で外角の際どいコースを突く。２ボール２ストライクの５球目、外角低めいっぱいの１５３キロに浅村のバットは空を切った。

田中は威力と正確さを兼備した高次元の原点能力を見せつけ、優勝の歓喜の瞬間へと導いた。語り草となった九回の投球。その数はくしくも野村監督の背番号と同じ19だった。

翌14年、田中は大リーグヤンキースに移籍し、19番を背負って野球道を邁進《まいしん》してきた。21年、東北楽天に復帰した入団会見の言葉に原点回帰の思いがにじむ。「監督の教えで心に残るのは『投手は原点能力が大事』。胸に刻みながらやっていく」。次なる伝説へ、恩師の言葉が共にある。

26

己を知れ

野村監督は成長の余地がある選手にこう言った。まず自分の長所、短所をしっかり認識できてこそ、進むべき道が見えてくるからだ。責任や使命があってしかるべき存在に対しては、自分の立ち位置を客観的に見つめられる視座を求め、人間的成長を期待した。

投げては160キロ超の剛速球。打っても特大アーチ。大リーグエンゼルス・大谷翔平（岩手・花巻東高出）による漫画のような投打二刀流が日常的な今なら、賛否は分かれなかったかもしれない。大谷が2歳だった頃、東京ドームでの出来事。

「……に代わりましてピッチャー　イチロー」。1996年7月21日のオールスター第2戦九回2死走者なし。パ・リーグを率いる仰木彬《おおぎあきら》監督は大きな演出を試みる。オリックスの監督と選手として師弟関係にある若きスターの二刀流披露だ。

22歳イチローは外野手ながら投手顔負けの速球を投げる。愛知・愛工大明電高時代は甲子園のマウンドも踏んだ投手だ。

「仰木マジック」と異名を取り、サービス精神もたっぷりな仰木監督らしい起用。何より監督自身が「走っても打っても守っても素晴らしい選手。一度、投手をさせてみたかった」。4点リードの勝利目前だからできた、とっておきの出し物だった。

イチローが外野からマウンドへ。練習で145キロを投げただけでも、球場は割れんばかりに沸いた。

お祭り騒ぎの真っただ中、憤慨《ふんがい》したのが対するセリーグ野村監督（当時ヤクルト）。「ファンあってのプロ野球だが、こういう趣向は違うだろう」

次打者の準備をしていたのが、22歳の松井秀喜（当時巨人）。球界の未来を担うもう一人のホープだ。

「どうする？」

野村監督は聞いた。温厚な人柄で知られる松井もさすがに困惑して苦笑い。

「嫌です」

再び場内放送が流れる。「バッター松井に代わりまして高津臣吾《しんご》（現ヤクルト監督）」。

代打は打撃専門外のヤクルト投手。野村采配は「投手イチロー対松井」の一投一打を望む熱狂に思い切り水を差すものと受け止められた。

両監督の思惑が真っ向対立する中でも、イチローはさすがの千両役者ぶり。直球攻めを続けること5球。139キロで高津をぼてぼての遊ゴロに打ち取った。「喜んでもらえてよかった」。降板後に言った通り、ショーとして成立させた。

試合後、仰木監督は「相手が松井ならもっとよかった」と振り返った。一方の野村監督は憤然とした顔で言った。球宴は選ばれし超一流が技を競う大舞台、という信念からだった。「格式の高い舞台を冒瀆《ぼうとく》したと解釈した。非常識をやってもらったら困る」。

この弁はやや正論過ぎる印象も与えた。しかし真意を込めた次の一言は異論の余地がない。当時思ったほど取り上げられず、10年以上が過ぎた東北楽天監督時代もベンチで思い出しては言っていた。

「松井がもし打ち取られでもしたらどうするんだ」

松井のキャリアに傷がつくようなことを一番に恐れた。野村監督は2年前の球宴で、高卒2年目初出場の松井を当時巨人でも座ったことのない4番に抜擢するなど、早くから期待をかけてきた。確かに「投手・イチロー対松井」にファンは盛り上がるだろう。しかし、打たれたところで痛くもかゆくもないイチロー対して、松井には打って当たり前の重圧がある。その仰木采配が野村監督には独善的と思えた。「お遊びが過ぎると思わないのか……」とも言った。

松井は続く後半戦、大ブレークする。「メークドラマ」を唱える長嶋茂雄監督の下、巨人の大逆転優勝の立役者としてセリーグMVPに輝いた。片やイチローもオリックスを2連覇に導き、パリーグMVP獲得。球宴でわざわざ投打対決せずとも、両雄には秋の日本シリーズという最高の決戦舞台が待っていた。

「投手イチローに異議を唱えた野村監督がなぜ?」。98年オフに新たな波紋を呼ぶ。阪神監督に就任したばかりの野村さんが何と、チームの顔である新庄剛志外野手（現日本ハム監督）に二刀流挑戦をさせると打ち出した。キャンプから熱心に投球を見守り、オープン戦で結果を出すとほめちぎった。「さすが強肩。投手でもいい球だな」「公式戦でも短いイニングなら十分投げられる」単なる話題提供ではなく、明確な意図があった。「投手が打者を打ち取るのはいかに大変か。相手の立場で得た学びを打撃に生かしてほしい。本当は捕手挑戦がよかったが、お調子者の新庄の場合、投手の方が気分良く取り組めるだろう」。

結果、新庄の意識改革に見事成功。「試合で投げた後『ストライクを取るのは大変ですね』と言ってきた。『よし！』と思ったわ」。

打撃の粗さが目立ち伸び悩んでいた新庄は、投手心理を学び、打撃に開眼する。翌２０００年には4番に定着し、2割7分8厘28本塁打85打点と堂々たる成績を残した。01年には大リーグへと飛躍していった。

二刀流にまつわる二つのエピソードが示唆《しさ》するのは、時に違う目線から自分を客観視すれば見落としていたことに気付く、という教え。だから野村監督はより高みを目指してほしい相手には願いを込めて言った。「己を知れ」と。

世のため、人のため

野村監督は記者に逆質問することがあった。

「おい、何のための人生か分かっているか」

「すみません、何となく生きちゃってます」

自分も含め大概は無自覚。明快に返答できない。

そして監督は「おい、おい『ペンは剣より強し』だ。影響力のある君らの仕事にも通じることなんだぞ。しっかり、自覚してもらわないと」とぼやく。その後、目を見開いて言う。

「世のため、人のために生きる。それが人間や」

この一言は野村流人生哲学の根幹だ。

春季キャンプのミーティング。いつも初日は野村監督が哲学者のように問答を展開した。

「野球とは何だ」

「人生とは何だ」

プロ野球選手は億単位の報酬、後世に残る名声がつかめる華やかな仕事だ。半面、実力がなければ簡単に立場を追われる弱肉強食の世界でもある。構造上、個人の成功を追求しがちになりやすい。チームと言っても個人事業主の集合体だからだ。ただそれを認めてしまってはあまりにもむなしい。

そこで野村監督は独善的な考えを徹底的に断じた。

「成功は目的ではない。単なる結果だ。だから、お金を稼ぐため、自分が笑うために一生懸命やるのは本当のプロではない」

ならばプロ意識とは何かと返す刀で問う。やはり選手は困ってしまう。すると監督はこう論じる。

「プロはファンに勝利を見せ喜んでもらうために努力する。給料はファンから出ているんだ。だから自分の技術を高め、チームのために戦うことが巡り巡って自分のため、家族のためになる」

野球界には「球道即人道」という言葉がある。同様に野村監督もプロ生活は人生の縮図と考えた。楽があれば苦もある。長くても40歳を過ぎればほとんどの選手が終わりを迎える。当然、一人では生きられない。誰かとの関わりの中で生き、生かされている。だから「人生」の文字をホワイトボードに書き、テレビドラマ『3年B組金八先生』のように読み解いた。


「人として生まれる」

「人として生きる」

「人と生きる」

「人を生かす」

「人を生む」


最後に訴えた。「人生をどう生きたいか、どういう人間になりたいか。希望を抱くことがまず大事だ」。


名選手になった門下生は皆、この自問を出発点に小さな努力を積み重ねた。

「世のため、人のため」は時を経てある名せりふを生む。

11年4月29日、本拠地Kスタ宮城（当時）で東日本大震災後初めての公式戦を終えて、満場のフアンに選手会長の嶋基宏は思いを吐露した。

「(震災からの)1カ月半で分かったことがあります。『誰かのために戦う人間は強い』ということです。東北の皆さん、絶対に乗り越えましょう、この時を。向こう側には強くなった自分と明るい未来が待っているはずです」

嶋はその前にも「見せましょう、野球の底力を」とスピーチして奮起を約束していた。しかしチームは11年5位、12年4位。ファンとの約束を果たせずに終わる。嶋は「スピーチをしなければよかった」と明かしたことさえあった。重荷に感じるあまり、周囲に「顔が暗い」「はつらつとしていない」と言われもした。

13年、抱き続けた被災地への思いが実を結ぶ。共に野村監督の教え子として過ごした田中将大とチームを初の日本一へと導いた。

「やっと肩の荷が下りた」。日本一が決定して嶋が田中と抱き合って思った時、ひそかに次なる希望の星が生まれていた。

東北楽天が初めて日本シリーズを制した11月3日、岩手県大船渡市猪川小の校庭にあったプレハブ仮設住宅。ちょうど12歳の誕生日を迎えた6年生は歓喜の渦《うず》をテレビ越しに感じていた。

「すごい、初の日本一だ」。少年は佐々木朗希《ろうき》投手(現ロッテ、岩手・大船渡高出)。6年後、高校生史上最速の163キロを誇る「令和の怪物」に成長し、プロ入りする。

佐々木少年にとって田中はずっとヒーローだった。津波で自宅や家族3人を失い、野球道具も周りに借りなくてはいけない時期があった。やっと手にした専用グラブには、田中と同じ黄色を選んだ。

13年、田中は24勝無敗という神懸かった働きをした。その堂々として勝利を諦めない、不屈の姿勢が佐々木の心に焼き付いた。「気持ちの在り方を尊敬する」。被災地の仲間とのプレーを望んで進学した大船渡高3年夏の岩手大会も、黄色いグラブをお守りのようにして甲子園出場を目指した。

だからこそプロ入りに際しても、生まれ育った被災地への思いを強くにじませ、決意した。

「自分にしかできないことがある。活躍して支えてくれた地元に恩返しする。それが使命」

「世のため、人のため」の思いは確かに連鎖していった。彼は22年4月、史上最年少での完全試合を達成し、被災地を勇気づけた。

あらかじめを大切に

「今日の対戦投手はデータを見ても相性が良くないですよね？　どう対するおつもりですか」。試合前の雑談で、対戦チーム側のテレビ局アナウンサーらがよく口にする。中継で使えるネタを増やそうと、データ好きの野村監督に聞く。ただ本人はやや不愉快そう。「元名解説者」の自尊心を刺激されたようだ。

「あなた方がデータとして扱っているのは単に過去の情報の集積だろう。俺のデータはもっと深く掘り下げたものなんだよ」

1980年代前半、テレビ画面にストライクゾーンを映し出す「野村スコープ」で一時代を築いた。データに名捕手として培《つちか》った観察力、洞察力、勝負勘をプラスして、次の投球がどのコースへ行くかを推測した。結果はずばずば的中。予言のような名人芸だった。

「テレビ局の賞にも輝いたんだ。よほど貢献がないともらえないらしく、そのほか（の受賞）はアニメの『ドラえもん』だった」と自慢した。

監督としてもデータを踏まえ未来を予測した。アウトカウントやボールカウントなどの状況別に、対戦相手がどんな行動を取ってくるかを細かに把握した。それを試合で相手攻略の手掛かりとした。

珠玉の名場面が野村ヤクルトの97年開幕戦。対するは球界を代表する巨人の大エース・斎藤雅樹。開幕戦は無敵状態で4年連続の完封勝利を狙っていた。

主役は35歳の小早川毅彦《たけひこ》。前年限りで4番として活躍した広島を戦力外になって来た。ベテランは野村再生工場の本領発揮とも言える大爆発をする。

「投手不利の3ボール1ストライク。普通は真っすぐでストライクを取りに来るが、斎藤はカーブ。だまされたと思って打ってみろ」。野村監督は事前に斎藤攻略の秘策を指南していた。

しかし小早川は、真っすぐ狙いを基本に対応する天才型の打者。二回の第1打席は初球真っすぐを打って先制弾を放った。それで気を良くして迎えた四回の第2打席だった。予期せずカウントは

「シンキングベースボール」「ID野球」……指揮するチームが移るごとに、頭を使う野球のスローガンを変えていった。（写真提供：野村家）

3ボール1ストライクのカウントになると、あらかじめ頭にあった野村監督の言葉に従う。

予言的中。カーブが来た。

考えようによれば、打ち損じたって「監督の指示に従っただけ」と言い訳できる。その気楽さからか、小早川の振りは鋭かった。打球は右翼席へ同点ソロ。すると六回も変化球を右翼席へ運び、3本のアーチで勝利へと導いた。

翌朝の新聞の見出しは「小早川開幕戦3打席連続弾」。強打者復活どころか伝説をつくってしまった。この開幕戦勝利で一気に勢いづいたヤクルトは、1年間ほぼ独走で巨人からリーグ王座を奪還する。

「シンキングベースボール」「ID野球」「TOP野球」「無形の力」

南海（現ソフトバンク）、ヤクルト、阪神、東北楽天。野村監督は指揮するチームが移るごとに、頭を使う野球のスローガンを変えていった。ただ、本人としては根本理念はいつも同じだった。そしてより直接的な表現を好んだ。

「IDとか何とかあるが、野村野球とは結局『準備野球』だ」

野村監督は打席での心の準備についても「あらかじめ」と口酸っぱかった。あらかじめ結論を言ってしまおう。「欲から入って欲から離れる」。結果を求めて打席に入るのだが、好結果を意識しすぎてはいけないという戒《いまし》めだ。「無欲になれ」というよりも「欲を乗り越えろ」という達人的な境地とも言える。

2009年5月、敵地での中日戦。1－1で迎えた九回、抑えの左腕・岩瀬仁紀《ひとき》を相手に1死満塁の勝ち越し機を築いた。右打席には中村紀洋。「外野フライで1点」が求められる状況だ。しかし内角への140キロを打ち損じる。結果は本塁アウトを狙って前進守備していた遊撃へのゴロ。俊足の三走内村賢介《けんすけ》が好走塁で際どく生還したが、本塁併殺でもおかしくなかった。

野村監督はぼやきが止まらなかった。「犠飛狙いの打席なんて楽なはずだ。俺の現役時代なんか『犠飛でいいんだろう、お任せ』って自然と脱力したもんだ」。

そして「欲から入って……」と力説した。

心に余裕や落ち着きがあるからこそ、絶好球が来た時に力まずに仕留められる。野村監督は「『来たーっ』と思った時ほど0・1秒待て」とも言った。それが超一流打者の所作。歴代2位の通算6

57本塁打を放ったからこその金言だった。

同じく球史に残る長距離砲の中村紀でも、前年まで所属した中日の本拠地で無意識に「欲」が出てしまったのかもしれない。野村監督には力みが入った打撃として見えた。「犠飛狙いの心境だったら、結果は満塁弾になっていたかもしれない」

何事も準備が大事。「あらかじめ」が本番を左右すると伝える逸話だった。

固定観念は悪、先入観は罪

東北楽天の初代背番号11をご記憶だろうか。一場靖弘投手。ドラフトの目玉だった2004年、巨人など複数球団からの金銭授受事件で球界を激震させた、あの人だ。それでも戦力に乏《とぼ》しい新興球団には数少ない希望の星だった。

勝利が唯一計算できる先発投手・岩隈久志が長期離脱した06年。暫定のエース格は2年目の一場だった。就任間もない野村監督は開幕直前、大きく期待した。「150キロ超の球があるし、打者に向かっていく姿勢がいい。1年かけてエースに育てる」。開幕投手を任せた。

抜群の身体能力を生かした剛球が持ち味。その半面、どうにも制球難が目立った。ただ野村監督はその手の指導に実績があった。ヤクルトでは石井一久（現東北楽天監督）。阪神では井川慶《けい》に接した時、こう告げた。「打者の顔と名前を忘れろ。お前、ダーツが得意だろう。的《まと》と思って捕手だけ見て投げろ」。すると先発定着3年目、20勝投手になった。

東北楽天は創設1年目の05年、38勝97敗1分け。翌年、野村政権1年目の勝ち頭が一場。1年先発フル稼働して30試合7勝14敗、防御率4・37とエースへの階段を上っていた。井川は先発1年目の01年、29試合9勝13敗、防御率2・67。比較しても悪くない数字だった。

それでもやはり「独り相撲」が目立った。快投していても突如崩れ、頼りなく思われた。馬車馬のように稼働しても信頼感は伴わなかった。重用した野村監督の言葉は有り余る期待の裏返しとはいっても、叱責は激しさを増し続けた。

「精神力が弱すぎる」

「コントロールと頭脳は比例する」

「心臓の移植手術が必要だ」

「(トレード)市場《いちば》に出してしまえ」

どれも当時の新聞に載った談話。書いた身として今でも心が痛む。

しかし、かような扱いでも当然という空気が不思議とあった。ファンの間では「一場がまた自滅した」は日常会話。仲間の選手も「1人走者が出ただけで絶体絶命のように弱腰になる」と言った。圧倒的な最下位から脱しようと苦しんだ低迷期。もどかしさやいらだちが一場に集中していた。成長過程のチームとはいえ、あまり望ましくない現象だった。

一場の成績は06年がピークだった。調整遅れで開幕1軍を逃した07年、一気に立場を失う。「飛躍の年のはずが『らくてん』の年だよ。落ちる、転ぶって意味」。野村監督の談話も冗談ではなくなってきた。

4月、復権を懸けた登板で大炎上した。先発投手に代わり、0－3の二回途中から緊急登板した日本ハム戦。打たれても負け投手にならない気楽さは一切なかった。18安打、14失点の屈辱的結果。「……」。一場はこの世の終わりかのような意気消沈した表情で、試合後の報道陣を振り切った。

野村監督は打たれても交代させなかった。実に先発並みの5回118球。懲罰的登板に見られたが、内心「獅子の子落とし」のように一場の再起を願っていた。

「『恥を知れ』なんだよ。敵地で一方的に打たれて恥ずかしいと思えば、違う投球を見せるはず」。弱気を振り切ってほしいという願いを込めた劇薬。だが副作用が強く出た。一場は右肘を痛めて2軍落ち。

同年、18歳の黄金ルーキー・田中将大がいきなり11勝で新人王に輝く。一場に代わる希望の星となった。朝井秀樹、青山浩二、永井怜《さとし》らも台頭。「年下に負けていられない」と一場も後半戦6勝と数字を残したが、すっかり陰に隠れた。

そのオフ、一場はトラブルに見舞われる。視力回復手術後、右目が失明寸前に陥った。ほかの選手らも同様の手術を受けた中、ただ一人の不調。「なぜ?」とさらに周囲の信頼感を損ねた。結局08年は出足からつまずき未勝利に終わった。

09年、名伯楽の佐藤義則新投手コーチの指導に再生が期待された。その兆《きざ》しなく迎えた開幕前、トレード話が舞い込む。一場の大学の先輩、高田繁《しげる》監督率いるヤクルトからだ。「もう場所を変えてやるしかない」。野村監督も、球団も低迷期に身を粉《こ》にした右腕を断腸の思いで送り出した。

開幕後、一場は5回無失点5与四死球で移籍後初勝利した。監督はぼやき節でエールを送った。「四死球が多い投球は今までと一緒。でも勝った。要するに俺の我慢が足りなかった」。しかしこれが現役最後の白星となり12年に引退した。

一場は東北楽天時代に右肩を痛めていた。1年間で200イニング近くを投げた06年閉幕後、飛躍の期待を背にハワイのウインターリーグに参加。そこで症状が出て途中帰国した。一度は回復したかに見られたが、後年悪化していたという。野村監督は過去にも気に入った投手を使い過ぎて壊すきらいがあったが、一場も過労があったのか。「楽天時代はとても言えずにいたが、痛かった」。引退数年後、一場は私に明かした。

振り返れば、一場はずっと「事件の当事者」だった。金銭授受と無縁の東北楽天に救われてプロ入りはできたが「事件はトラウマだ」と認めていた。突然の独り相撲も、監督の過激な叱責に妙に打たれ強かったのも、バッシングを経験してきたからだったか。

そこでこの言葉が頭に浮かんだ。「固定観念は悪、先入観は罪」。決めつけはいけない。そのほかの見方や可能性を失う、という意味。思えば、あの頃の一場に「事件」の残り香を全く感じない人はいたのか。

スターとして輝きを増す田中と明暗を分けるように、一場は表舞台から消えた。それが運命だったかもしれない。ただ「事件」は当時氷山の一角とも言われた。球界のうみを出そうとした再編騒動の渦にのまれ、野球人生が激変した不運は否めない。レッテルを背負い続けた彼の不幸を思う。

縁に始まり、縁に終わる

「俺を恨んでいるんだろう？ 人生狂わされたって」

東北楽天ベンチで野村監督が突然言った。あいさつに来た阪神・藤本敦士《あつし》は当然きょとんとした。監督はプロへ導いてくれた恩人だ。「何言ってるんですか！」。藤本は笑って帰った。

2000年秋にさかのぼる。2年連続の最下位脱出を期す阪神・野村監督は即戦力を求めた。ドラフト会議前、社会人の日本選手権を見て、ふと目に付いたのが藤本（デュプロ）。内野守備が良く、監督と同じ京都・峰山高出身で後に中日で活躍する岡本真也投手（ヤマハ）から安打も放った。急遽《きゅうきょ》獲得を検討した。

01年、野村監督は藤本、赤星憲広《あかほし》、沖原佳典《よしのり》の新人3人を含む俊足7選手を一組に「F1セブン」として売り出した。03年、3人は18年ぶりのリーグ優勝を支え、栄光のV戦士になった。確実に成功の部類に入るプロ人生だ。

しかし野村監督は責任を感じていた。「プロに誘うのは人買いのようなもの。特に20代半ばくらいで、社会人で身を立てている選手を指名するのは迷う。夢とか大金を突き付け、プロの競争に放り込むんだから。特に赤星（ＪＲ東日本）、沖原（ＮＴＴ東日本）なんかはプロに来なくとも引退後の会社員人生が安泰《あんたい》だったはずだ」。

確かに1年目段階で藤本24歳、赤星25歳、沖原29歳と若くはなかった。それでも野村監督がプロに誘ったのは「一芸に秀《ひい》でろ」の信念に基づき、特有の才能を見たからだった。

赤星指名を検討した際、スカウトに「足が速いだけですよ。打てない」と言われ、野村監督は反論した。「何が悪い。同点の九回２死から四球で出た。『さあ盗塁してこい』と代走赤星を出す。足だけだって活路を見いだせる」。

現実になった。赤星は非力ながら野村監督の指導で転がす打撃を徹底。俊足を生かして出塁すると次の塁を陥れて01年盗塁王を獲得した。堂々の打率２割９分２厘で新人王になった。

余談だが、ささいな難癖がついてプロとの縁が途絶えかけた名選手は意外といる。かつての東北楽天編成部長に聞いた話。

その編成部長が他球団で同職にあった時、高校球界随一の大砲を狙った。しかし担当スカウトが「１００キロ近いぽっちゃり体形でプロでは守備が厳しそう」とみて獲得候補リストから名前を外した。最終的には長打力を買ってドラフト上位指名したのだが。22年、長嶋茂雄の通算４４４本塁打を越えたその選手とは？

中村剛也《たけや》（西武）。

ほかにも古田敦也《あつや》（元ヤクルト）が立命館大時代の1987年、「眼鏡の捕手は大成しない」と指名回避されたのは有名だ。2012年最多勝の摂津正《せっつ》（元ソフトバンク）はJR東日本東北時代、スカウトに「制球力はいいが、150キロ出るとか突出した印象がない」とみられ、27歳までプロ入りを待たされた。

「縁」は切り開くもので、人はいつ花開くか分からない、と思わせる逸話がある。

「本人がどうしてもと言っている。何とか取ってくれないか。実力的にレギュラーは厳しいと思うが……」

04年秋、東北楽天の田尾《たお》安志監督は自身をプロへ導いた元スカウトから連絡を受けた。縁故採用のお願いのようなもの。田尾監督の大学の後輩でトヨタ自動車に在籍する24歳外野手がプロ志望しているという。「トヨタにいた方が人生が保証される」。田尾監督は思ったが、最後は本人の強い挑戦心を買った。

当時のチームはオリックスと分配ドラフトを経たベテランの寄せ集め。そこに最下位指名でプロ入りした彼は奮闘し、05年開幕直後から先発出場した。だがやはり実力的に見劣りし、25試合出場止まり。田尾監督は1年限りで退任し「今後はもっとチャンスはないだろう」とみた。野村監督の評価基準「無視」「称賛」「非難」の第1段階で扱《しご》かれた。

それでも彼の野球に打ち込む姿勢は模範的だった。2軍首脳陣が高く評価し、度々1軍昇格を推した。けが人が多かった09年の交流戦前後、彼は1軍で生き残りを懸け、自己最多の64打席に立った。それをピークに結局11年限りで引退。

彼の「一芸」は人間性だった。リーダーシップ、気配り、意思の強さ。そこに指導者の素質を見た星野仙一監督の下、彼は引退と同時にコーチに転身する。長くもったいぶったが、もう誰かお分かりだろう。

平石洋介（現西武1軍ヘッドコーチ）。

東北楽天の生え抜きとして、19年に初の1軍監督を務めた。その就任時、田尾さんは「自分が球団に獲得を願い出なければプロに入れなかった選手が、まさか監督にまで上り詰めるとはね」と歩みをたたえた。田尾さん同様1年で退任したが、クライマックスシリーズの舞台も踏んだ。

さて「縁」の一文字を贈られた田中はこう言った。「僕も縁を大切にしたい」。スライダーの「一芸」を持ち、野村監督と強い縁で結ばれたのは前述の通り。弱小球団をもり立て、東日本大震災後の13年には日本一の立役者になる。ドラフト直後の覚悟に満ちた言葉はとても17歳とは思えない。

「楽天に入れば本当の意味で挑戦者になれる」

「下から、下から行くものの方が逆に強い。そういった意味で楽しめる」

比類なきいちずな向上心こそが田中の最たる「芸」。ゆえに「神の子」たりえたのだろう。

限界を感じてからが本当の戦い

「じゃあ、今から南海電車に飛び込んで死にます」

念願かない、プロ野球選手になって1年。野村克也さんは南海からいきなり解雇通告された。まだ19歳。必死に泣きついた。「給料はいりません。もう1年いさせてください」。

何とか首がつながった。危機感を忘れずがむしゃらに練習した。「生き残れるかは1日24時間の使い方次第」。砂を詰めた一升瓶がダンベル代わり。それで筋力を強化した。先輩たちから夜の街への誘いを受けても断った。見送りながら念じた。「しっかり飲んで、体調崩して帰ってらっしゃい」。

ひたすら素振りを続けた。2軍で台頭した頃、2軍監督が言った。「これはすごいマメだ。みんな野村を見てみろ。これがプロの手だ」。努力をほめられ、野村さんは誇らしかった。

3年目の1956年春、1軍のハワイキャンプに抜擢された。正捕手がけが、控えの面々も夜遊びがたたって信用を損ねた。千載一遇の好機、野村さんは1軍への足掛かりを築く。翌4年目に初めて打率3割を記録。同時に30本で初の本塁打のタイトルを獲得した。

「これでプロで生きていける」。手応えをつかんですぐ、壁にぶつかる。その後2年、2割台中盤に低迷した。慢心したわけではなかったのに。

原因は自覚していた。変化球打ちだ。速球待ちで緩いカーブが来ると我慢しきれなかった。バットが空を切った。緩急に応じて瞬時に対応できる天才型ではなかったから。

ここが超一流への分岐点。多くの人は再び愚直に手のひらにマメを作り続けるだろう。しかし野村さんは今までの努力の先に成長があるとは思えなかった。発想から変えた。

1冊の本と運命的に出会う。大リーグで最後の4割打者と言われるテッド・ウイリアムズの著書『バッティングの科学』だ。投球時、球種によって投げ方に小さな変化があると紹介していた。「事前に球種が分かればカーブだって打てる。投手の癖を探そう」。ヤマ勘に頼る打撃が悪とされた時代、野村さんは恥を忍んで狙い打ちを磨く。当てずっぽうでなく、根拠ある読みの精度を高めて。

従来の常識にとらわれず取り組むべき課題を見定め、発想を転換した末のカーブ攻略。まさに「考える野球」の原点だ。目的意識のはっきりした努力を積み重ねれば、才能ある強者にも勝機を見いだせる。この手法を後の野村さんは「弱者の戦術」と呼ぶ。

ここで「技術的限界を感じてからが本当の戦い」という言葉に触れておこう。限界突破には挑戦心とともに、打開策を探る直感力、観察力、発想力も必要という教えだ。指導者としては、投手に対して緩急が飛躍の鍵を握ると示し、変化球習得を促した。代表例がヤクルト時代の高津臣吾投手。「お前、あのシンカーを何とか盗めないか」。92年秋のキャンプ、野村監督は高津に提案した。直前の日本シリーズで苦しめられた西武の潮崎哲也投手が得意とする変化球の習得だ。右横手からカーブのように一度ふわっと浮き上がる。かと思うと直後、右打者に対して差し込みながら落ちていく。漫画の魔球のような軌道で恐れられた。

野村監督は大まじめに言った。「150キロの真っすぐを投げる腕の振りで100キロの緩い球を投げれば、相手は打ちあぐねる」。

言うはやすく行うは難《かた》し。高津は「半信半疑で」取り組み始める。それまで「速球で空振りが取りたい。速い球がないとプロでは通用しない」と思っていた。見事に「まるっきり反対のこと」と驚かされた。

大卒2年目を終え、1軍生き残りを懸ける立場。必死だった。うまく指の間からボールを抜くようにして投げる技術を磨いた。その末に希少性あるスローシンカーを習得。「絶対必要な武器になった」。翌93年、抑え投手に定着すると、秋には西武に雪辱を果たして日本一を達成する。栄光の瞬間のマウンドにも立った。

ヤクルト黄金時代を象徴する守護神になった。国内通算で歴代2位286セーブにまで上り詰めた。大リーグにも羽ばたいた。「野村監督の一言が人生を大きく変えた」。今でも高津は感謝する。

「高津の成功例がある。挑戦してみたらどうだ」。野村監督は東北楽天時代もサイドスローの選手によくスローシンカーを勧めた。2008年の日本シリーズ、当時西武の岸孝之がMVPに輝いた時も同じ。昭和の大投手のような大きく緩いカーブが脚光を浴びた。カーブに思い出がある野村監督は若手先発陣に言った。「岸の投げ方を盗んでみたらどうだ。速球と同じ腕の振りでカーブを投げたら打たれない」。

だが言葉に従って緩い変化球で名手が現れたかというと……。技術的難度が高かったか、筆者は当時「高津さんだからできた」という声も聞いた。監督は「満足、妥協、限定はいけない」と戒めてもいたが。

「やってみせ、言って聞かせて、させてみて、ほめてやらねば人は動かじ」。旧海軍・山本五十六《いそろく》連合艦隊司令長官の言葉を引用し、野村監督は壁を破らせる難しさをぼやいた。指導者が目的地を明示しても「正しい努力」を重ねるかは、やはり本人次第なのだ。

負けに不思議の負けなし

漫画家・水島新司さんが2022年1月10日、逝去した。東北、特に岩手で代表作『ドカベン』の話になると、まず出てくるのが弁慶高校。主人公・山田太郎らがいる圧倒的強さの常勝軍団、明訓《めいくん》高を唯一破った。訃報に際する達増《たっそ》拓也岩手県知事のツイッター投稿が県民の思い入れを代弁している。「『ドカベン』の、岩手県代表・弁慶《べんけい》高校の活躍も忘れられません」。

大リーグでMVPを獲得した大谷翔平を筆頭に、菊池雄星（現ブルージェイズ）、佐々木朗希。今でこそ岩手は160キロ前後を投げる大器を輩出する人材王国だ。しかし40年以上前、岩手勢は甲子園で初戦敗退ばかりで全国最弱レベルだった。

漫画家・水島新司さんとは長年の親交があった。『ドカベン』のストーリーを彷彿させる勝ち方も。（写真提供：野村家）

だから漫画の中で主人公を倒す大番狂わせは痛快だった。筆者も当時を知る岩手の元野球少年たちに聞いた。

「弁慶高のように強者に勝ちたい思いが、岩手の野球界を強くしてきた」

「水島さんは岩手の恩人」

さて、弁慶高はいかにして明訓高の壁を破ったか。野村監督の「弱者の戦術」に通じる抜け目ない戦法だった。逆に明訓高は負けるべくして負けたとも思える。

弁慶高は、2年生の山田らと夏の甲子園2回戦で当たった。2－2の九回裏、1死一、二塁、弁慶高が内野ゴロの間に決勝点をもぎ取って勝つ。どうやって二走が生還したか？　クライマックスなので詳しく説明しないが、水島さんらしい度肝《どぎも》を抜くシーンだ。

勝因は明訓高に本来の戦い方を許さなかった

ことだ。試合が始まる前から、弁慶ペースで進んでいた。試合前日、主戦投手・義経光《よしつねひかる》は陽動作戦に出る。これがアリの一穴となる。テレビカメラの前で大胆不敵に言った。「第1球、ストレートをど真ん中に投げる」。

現実でも似たような場面があったような……。そう、ヤクルト時代の野村監督。1995年日本シリーズを控え、テレビのニュース番組でオリックスの先頭打者を挑発した。「イチローは内角高めに穴がある。そこを攻める」と言って。これで打線の鍵を握るイチローを封じ、日本一に輝いた。水島さんと長年の親交があったとはいえ、まさか漫画を元ネタにしたというはずはないだろうが。

話は漫画に戻って、明訓高の土井垣将《どいがきしょう》監督。予告を逆手に取り、当日に打順を変更する。ど真ん中が打てない1番・岩鬼正美《いわきまさみ》の弱点を突く考えと思ったからだ。そこで最強打者の4番・山田と入れ替える。山田に第1球を仕留めてもらう狙いで。実際、山田は先制弾で応える。

だが義経の狙いは別。打線の機能低下だった。

明訓高は、1番・山田が出塁しても鈍足のため、単打で二塁から生還できない。逆に岩鬼は得点機でもど真ん中を攻められ、三振に倒れる。

結局、義経は九回の同点弾を含む山田のソロ2本のみの2失点。これがサヨナラ勝ちを呼んだ。

明訓高は打順変更に始まり、ほんの少し危機管理が甘かった。

野村監督はプロ野球監督として歴代最多1563敗の通算記録保持者。野球人生において、心の隙から敗れた試合がいくつかある。

野村監督が社会人シダックスを率いた2003年の都市対抗野球決勝。三菱ふそう川崎に3点リードで七回を迎えた。1死から雲行きが怪しくなる。エース右腕・野間口《のまぐち》貴彦（元巨人）は突如調子を乱して満塁に陥り、押し出し四球を出した。続く相手の4番は社会人を代表する左の強打者・西郷泰之《やすゆき》だ。選択肢として左腕への継投もあり得た。しかし野村監督は動かなかった。

この時、監督は一瞬注意がそれていた。ベンチからネット裏へ視線を向けると、日本野球連盟の山本英一郎会長が見えた。監督にある思いがよぎった。

「プロの世界から来た俺が、優勝しちゃっていいのかな。社会人の人たちにもメンツがあるよな」

直後、4番打者は同点打を放つ。「セオリー通り、四球後の初球を狙い打った」。ここでようやく野村監督は一手遅れて左腕を投入。しかし相手が出してきた右の代打に、初球スクイズで勝ち越しを許した。

百戦錬磨の監督らしからぬ不意を突かれた。結果、惜しくも優勝を逃した。「決断の時機に決断できなかったのが敗因。選手にも謝った。スクイズは完璧に読んだが、私自身が牽制《けんせい》を入れる確認を怠《おこた》った」。自らの判断ミスを徹底して責めた。

東北楽天監督として最後の09年大詰め。2位躍進で初のクライマックスシリーズ（CS）に進み、破竹の勢いがあった。その快進撃の中、痛い目に遭った。

日本ハムとのCS第2ステージ第1戦。九回、ターメル・スレッジに逆転満塁サヨナラ弾を喫して敗れた。首脳陣も、選手も、ファンも、誰もが「あのまま勝っていれば勢いで日本シリーズまで駒を進めただろう」と思ったあの試合だ。

6－1の快勝ムードで迎えた八回だった。1死から好投の先発・永井怜が息切れして3連打を浴びる。この後、野村監督は急遽継投策に転じる。しかし出る投手はほぼ全員が精彩を欠いた。敵地での大一番という重圧に押しつぶされたかのように。九回抑えの福盛和男が5失点の大乱調。最後は最悪の幕切れとなった。

救援陣が力を出し切れなかった背景はあった。そもそも実戦から遠ざかっていた。第1ステージが岩隈久志、田中将大の連続完投勝利。リーグ戦終了からも10日ほど空いていた。福盛に至っては、第2ステージの数日前にインフルエンザ感染。病み上がりだった。

敗戦後、野村監督は選手管理の甘さに気付き、自分を責めた。「第1ステージ後の練習日に試合形式の練習をさせておけばよかった。普通はやるんだ。うっかりしていた」。ちょうど野村監督は球団から契約満了を告げられ、平常心でいられない日々が続いていた。そのせいか、スレッジに対する配球でも被弾の危機感を覚えながら、バッテリーに注意を促せなかった。

野村監督は中国の古典『菜根譚《さいこんたん》』の言葉を引用して常々、自戒していた。

「『得意の時、すなわち失意の悲しみを生ず』って言うだろう。勝っている時が一番怖いんだ。ちょっとした気の緩みから、その後どうなるか分からない。そして敗戦には理由がある。『負けに不思議の負けなし』だ」

明訓高、シダックス、東北楽天の敗戦に共通する教訓。それは油断大敵だ。

第2章 人生劇場

野村語録のような教え自体はビジネスの名著にもある。しかしなぜ説得力が強いのか？　単に概念的でなく、自らの体験談やグラウンドでの実践を伴うからだ。①揺るぎない生きる意味を見つけ努力する、②今、この瞬間を力強く肯定する——ニーチェ哲学にも通じる点もある。そしてノムさんが栄光と挫折の歩みを持ちネタとして披歴し続けたのはなぜか？　それは運命を切り開いてきた「弱い自分」への賛歌なのだろう。立川談志が言った「落語とは、人間の業の肯定」のように。

世界に一人しかいません

2009年、野村克也さんは妻・沙知代さん作詞の演歌『女房よ…』をリリース。公然と夫婦の絆を歌い上げるほどに妻を溺愛《できあい》した。

過去には彼女が原因で野球人生のどん底を度々経験し、振り回されたはずだ。だから時には「悪妻」「ドーベルマン」「ゴーイング・マイウエー」と断じ、周囲に強がってみせた。それでも最後は決まって自慢した。「何だかんだ言って、サッチーの夫が務まるのは俺だけなんだよな」と。

野村さんは「女運がない」と元々思っていた。

1954年、高校を出て南海に入団する道中。野村さんは京都で占い師に将来の運気を見てもらった。

「仕事運がいい。プロで成功するでしょう」

CD『女房よ…』の発売イベントでファンと交流する野村監督と沙知代夫人。（09年1月29日、仙台市内　写真提供：河北新報社）

南海の選手兼任監督となったばかりの絶頂期、キャリアウーマンだった沙知代さんと出会う。（写真提供：野村家）

当たった。練習生からたたき上げ、名選手として、巨人の長嶋茂雄、王貞治とも肩を並べるスーパースターになった。

占い師は「ただし……」と続けていた。

「失敗するとしたら、女性でしょう」

野村さんは最初の結婚がうまくいかなかった。「最初の妻は遠征中に家で浮気していた」。離婚を話し合っていた頃、沙知代さんに出会った。

彼女は当時のボウリングブームに乗って、関連商品の輸入販売業をする活発なキャリアウーマンだった。その70年、野村さんは選手兼任監督となったばかりの絶頂期にあった。

離婚が成立しないまま交際していた77年、スキャンダルに見舞われる。「監督の愛人が野球の現場に介入している」とチーム内外から追及を受けた。立場が危うくなった野村監督は有力支援者の僧侶に相談に行った。逆に詰め寄られた。

「女と野球、どっちを選ぶんだ」

きっぱり答えた。

「仕事はいくらでもありますが、沙知代は世界に一人しかいません」

「女」を取って南海を追われた。「生涯一捕手」を掲げ、外様《とざま》の一兵卒として他球団の世話になった。スーパースターらしからぬ晩年になった。

それでも再起した。引退後、野球解説者として名声を浴びた。90年代にヤクルト監督としてチームを3度の日本一に導き、名監督の仲間入り。再びの栄光の時を迎えた。

低迷する名門阪神の再建を託されて3年。2001年12月、沙知代さんが脱税容疑で逮捕された。夫は道義的に続投するわけに行かず、辞任した。

「妻のせいで監督の座を2度も追われたのは俺くらい」。後年の野村さんはむしろ胸を張った。だがなぜ妻の所業を許せたのか？

相性抜群、唯一無二のパートナーだったからだ。「投手はプラス思考、捕手はマイナス思考だからバッテリーって言うんだ。俺は家でも捕手。剛腕サッチー相手にね」。南海を追われた絶望的な状況も、沙知代さんは「なんとかなるわよ」と励ましてくれた。「婦」唱「夫」随の関係が性に合っていた。

夫がどん底の時、沙知代さんは人知れず内助の功を見せた。阪神を去った後、野村さんはしばらく自宅に引きこもった。既に60歳代後半。プロ球界復帰の望みは薄かった。「人間が絶対に勝てないもの。時代と年齢」とぼやいた。東京中日スポーツで野村番だった竹下陽二記者に聞いた話だ。当時、彼が野村邸を訪れると、沙知代さんは帰り際を呼び止めて訴えた。

「主人には野球しかないの。もう一度野球をやってほしいの。だからまたあの人を元気づけてあげて」

時に夫人の目には野村さんさえ見たことがないという潤んだものがあった。

命の限り野球を究《きわ》めようとする夫。そのマネジャー役に徹した夫人。二人の願いは実を結び、06年から野村さんは東北楽天の指揮を執《と》る。71歳を迎える球界最高齢監督として。

東北楽天監督時代のベンチ。報道陣に囲まれた際も、野村さんは沙知代さんとの愛の歩みを披歴した。彼女が1996年衆院選に立候補した際に公表した学歴が、詐称だと疑われた話。

「経歴はうそ。俺も出会った頃にその経歴を聞いてから、真実を長い間知らされなかった。怒ったよ」。続いて「でも……」と打ち明ける、のろけ話のようなせりふに二人だけの世界が垣間見えた。

「サッチーはそこまでして俺をゲットしたかったんだろう。うそも愛なんだ。サッチーと一緒にならなければ、今の俺だっていない」

夫妻にとって人生の苦楽は、振り返れば愛を深める出来事に過ぎなかったのかもしれない。「愛はきっと奪うでも与えるでもなくて気が付けばそこにある物」。くだんの衆院選があった年、最も売れたヒット曲（Ｍｒ．Ｃｈｉｌｄｒｅｎ『名もなき詩』）の歌詞が、二人の関わりをくしくも言い当てているように思える。

20年2月、新型コロナウイルス禍が本格化する前に野村さんは他界した。自宅で過ごす時間が増えた今、こう問い掛けられている気がしてならない。「仕事より大切なものは何か」と。

上り坂、下り坂、まさか

人間は何をもって満ち足りるのか――。深遠な問いの答えを野村さんが身をもって教えてくれた。「ふふふ、この輝き、いいだろう?」。野村さんは東北楽天担当の記者たちに、高級腕時計を「お宝拝見」させた。これでもか、と装飾された宝石に目がくらむ。ジェイコブ、フランクミュラー……、セレブ御用達のブランド品ばかり。どれも軽く数百万円はする。「自宅に山ほどある」とさらりと言う。

桁違い《けた》いの大人買い。気分転換のつもりなのに、つい財布のひもが緩むのが悪い癖。だから「お宝拝見」は自戒のぼやきとともにいつも後味悪く終わった。「俺は弱いな。すぐ欲しくなって買っちゃう。幼少期に貧乏で育った反動なんだろう、この成り金趣味は」。

戦争で父親を失った。病気がちな母親が身を粉にして働き、育ててくれた。戦後間もない中学生だった頃、ユニホームを持っていなかった。ランニングシャツと短パン姿。劣等感を抱きながら集合写真に収まった。

プロに憧れたのは「母親に楽をさせたかったから」。南海では現在の育成選手や裏方に近い立場のテスト生から始まった。超一流に成り上がると金に困らなくなった。

「日本人初の年俸1億円選手はたぶん俺。1970年代に南海で兼任監督だった時にもらっていた」と後に明かした。87年の落合博満（当時中日、秋田県男鹿市出身）が初の年俸1億円日本人選手として話題になるよりも前。パリーグが日陰の存在だった頃の昔話だ。

振り返れば栄光から転がり落ちもした野球人生。そのせいか「いつ、どんな想像し得ないことが起こるか分からない」と披露した語録があった。

「人生には三つの『さか』がある。上り坂、下り坂。そして、まさか、だ」

「まさか」の一つが、高卒でのプロ入りを目指した時。54年南海入団テスト、野村さんは遠投の試験で苦しんだ。合格基準の距離にどうにも達しない。苦闘する18歳を見かねたのか、試験官がこっそりささやく。「少し前に出ていいぞ」。野村さんは遠慮なく踏み切り線をはみ出す。白球の放物線は見事、合格ラインを通過。九死に一生を得た。

80年に45歳で引退。その後評論家として野球解説に革命を起こした。前述のテレビ中継でストライクゾーンを画面に表示する「野村スコープ」を導入。バッテリーと打者の勝負のあやをひもといた。次の球種やコースをクールに推測し、ずばり当てる姿は予言者のよう。結果論や経験則だけで語る評論家と一線を画した。

広島と近鉄が初の日本一を争った79年日本シリーズ第7戦。広島の抑え投手・江夏豊は九回無死満塁から逆転を許さず、栄冠を手にした。その神懸かり的投球こそがプロ野球随一の名勝負「江夏の21球」。故・山際淳司《やまぎわじゅんじ》さんの同名の著作はスポーツノンフィクションに新たな地平を開いた。あまり知られていないが、テレビドキュメンタリー版も名作の誉れ高い。そこで江夏の投球の妙をつ

網野中学校２年生（1949年）、野球部に在籍。当初ユニホームを持っていなかったという。（写真提供：野村家）

ぶさに語ったのが、野村さんだった。何より広島・古葉竹識《たけし》監督、江夏とも、コーチ、選手として南海で野村野球の薫陶《くんとう》を受けた顔ぶれだ。

評論家になって9年。次なる「まさか」が訪れる。89年、さしたるつながりがなかったヤクルトから監督就任要請が来た。

「解説のお仕事に感心していました。本物の野球を教えてください」。相馬和夫球団社長は言った。「俺のことを見ていてくれた」。野村さんは野球理論を高く評価されたと感謝した。77年に南海の選手兼任監督の座を追われて以来、監督復帰が目標だった。

「まさか」とは努力の積み重ねが引き寄せた幸運や良縁のようなもの。野村監督は見えない力を信じるからこそ、人生論を最優先で説いた。

「人は他人の評価で生きている。そして努力する姿をきっと誰かは見ている。だからどんな時も気を抜かず頑張り続けなくてはいけない」。

当然「見る」側になっても目を光らせた。ヤクルト監督5年目の94年秋。明治大の選手だった息子・克則《かつのり》（現阪神2軍バッテリーコーチ）が出場する東京六大学リーグの試合を見に訪れた。そこで相手校・法政大の左打者が活躍していた。間もなくドラフト会議がある。何かを感じた野村さんは球団に獲得を進言した。

その選手は稲葉篤紀《あつのり》（現日本ハムゼネラルマネジャー）。大学通算6本塁打のうち、野村さんの目の前で2本を放っていた。野村さんの直感通り、稲葉は入団1年目の95年、主力として日本一達成に貢献。日本ハム移籍後には通算2000本安打も達成した。「俺が見ていたからプロに入れたんだぞ」。こう言われながら努力を重ねた野村門下生は引退後、東京五輪の野球日本代表監督として金メダルへと導いた。

2009年のクライマックスシリーズ第2ステージ。東北楽天は日本シリーズを懸けた戦いで日本ハムに屈した。通算24年間の監督生活の終幕、脱力感に見舞われていた野村さんに予想外の出来事が起こる。チーム全員で応援席のファンに感謝のあいさつを終えたところ、日本ハムの顔触れがにわかに集まってきた。

「監督、さあ胴上げですよ」。勇退の花道を飾る粋な演出。中心で音頭を取ったのは稲葉だった。両軍の教え子たちが呼応し、感謝の気持ちを込めて背番号19を担ぎ上げる。「まさか、俺は敗軍の将なんだぞ……」。5度宙を舞いながら、野村監督は恍惚《こうこつ》の表情を浮かべた。

俺の花だよ月見草

「野村克也から野球を取ったら何も残らない。俺は弱い男」。野村さんは自分の心の弱さを隠さないどころか、むしろさらけ出した。負い目を認め、乗り越えようとしながら人生を切り開いてきたからだ。華やかな舞台に立つスターは当然、もがき苦しむ姿を見せたくない。だが逆を行った。その悲哀と情念に満ちた演歌的な野球人生を集約したのが野村さんの著書のタイトルにもある「月見草」だ。

「監督、そこまで弱い自分をさらさなくても……」。ぼやきを聞き慣れている番記者さえも心配になったやりとりがある。

東日本大震災の2年前、09年3月11日。兵庫県明石市でのオープン戦開始前のベンチは、あるニュースで盛り上がっていた。1985年の阪神優勝フィーバーでファンに大阪・道頓堀川へ投げ落とされた「ケンタッキー・フライド・チキン」のカーネル・サンダース人形が、24年ぶりに水中から救出されたらしい。

世紀をまたぐ明るい話題に野村監督も笑った。「日本も平和だなあ。そんなニュースで騒ぐなんて」。しかし梅の花咲く早春の多幸感のせいか、73歳は急にたそがれた。

「カーネルおじさんと同じくらい話題になるかな、俺が死んでも……」

記者たちは内心困った。「まさか人形に嫉妬するなんて……」。ほのぼのムードが一変。歌手・森田童子《どうじ》さんの名曲『たとえばぼくが死んだら』のような暗く、はかない空気が漂い始める。

「俺が死んだらみんな、お別れに来てくれるか？　監督じゃなくなっていても……」

野村監督は寂しげに言った。「そりゃ行きますよ、何言ってるんですか、監督！」。記者たちが口約束すると、ようやく場は和やかさを取り戻した。

ここまでのケースはまれだが、野村監督は時々、死を意識した。番記者との雑談が唯一心を許せるひとときだったせいか、ふと魔が差すように「弱さ」をうかがわせた。孤高の名将ゆえに「孤独だ」ともぼやいた。コーチや選手を引き連れて食事に出掛ける親分的な発散方法も自制していた。

「派閥をつくり、えこひいきしているように思わせたくない。南海選手だった頃の俺が嫌な思いをしたから」。振り出しは54年。半世紀以上前からなれ合い的な「群れ」を好まなかった。隙がない知将の監督像も、内面の繊細さを隠すよろいの役割を果たした。

野村さんは承認欲求が特に強かった。

父親を太平洋戦争で失い、父性を知らず育った。南海ではプロの世界での生みの親、鶴岡一人監督に恩返ししようと努力した。しかし戦後初の三冠王に輝いても認めてもらえず、欲求不満は募《つの》った。

「鶴岡さんにはボロクソにけなされた。俺は鶴岡派ではなかった」と恨み節を言い続けた。選手兼

野村監督は、長嶋を日の当たる場所で大輪の花を咲かせる「ヒマワリ」に、自身を暗がりで小さな黄色い花を咲かせる「月見草」にたとえた。(写真提供：野村家)

任監督として戦術的な「シンキングベースボール」を導入した。鶴岡監督の精神論指導への反発からでもあった。「見返してやる」と情念を燃やし、どんどん学問的に野球を究めていく。「ＯＮ」こと巨人の王貞治、長嶋茂雄に肩を並べる、当時の球界の顔になった。ただ全国的なＯＮ人気は別格。彼らを日の当たる場所で大きく花咲く「ヒマワリ」と呼んでうらやんだ。

翻《ひるがえ》ってパ・リーグ選手は球宴や日本シリーズに出なければ、まずテレビと無縁。成績面では球界の最多本塁打記録をリードしてきた野村さんだが、通算６００号到達で74年、王に先を許す。

75年に６００号到達した記者会見で野村さんは「月見草」を自称する。日本海を望む京都・丹後地方で暮らした少年時代、苦しい家計を助ける仕事帰り、暗がりで見た小さく黄色い花に、プロの自負を重ねた。

「自分は人の見ていないところでひっそりと咲く月見草。自己満足かもしれないが、そういう花があってもいい。ずっとその思いを支えにしてきた」

その後何年たっても「王が俺の価値を落とした」と偽悪的に言った。「監督としての勝負で勝つ」と内なる対抗心を燃やしつつ。そしてヤクルト監督として93、95、97年と3度日本一の座に就く。圧倒的な戦力を誇る巨人を「弱者の戦術」で上回った。その頃は歌手として演歌CD『俺の花だよ月見草』まで出すほど、日なたの存在になった。

対するONは一度は巨人監督の座を追われ、後《おく》れを取る。長嶋が巨人第2次政権の94年と2000年、王はダイエー（現ソフトバンク）に移ってから1999年と2003年にようやく日本一になった。

野村監督の勝利への執念は験担《げんかつ》ぎにも及んだ。勝ち運があると思った時は、遠回りでも通勤路を変えず、10日以上も同じ下着をはき続けた。試合前には来客からの名刺を拒んだ。渡されて敗れたことがあり、専属広報が代理で受け取った。

時効だろうが、07年に球団が報道自粛を要請する出来事があった。「ウンを落としてはいけない」と試合中の用足しを我慢する野村監督が、ある日限界を超えた。試合後、報道カメラの前で汚れたユニホームを苦笑いして見せた。さすがに記者は皆、心から笑えなかった。報じれば「老い」まで露呈する。一幕は当然お蔵入りになった。

かようにサービス精神が行き過ぎることはままあった。確かに適切さを欠いた言動だ。注目されてこなかった過去の反動として痛々しく思える時もあった。しかし、理想と現実の間で苦しみながらも、あるがままの心で生きようとし続けた浪花節的な姿は、東北人の情に訴えた。だから「月見草」は「ヒマワリ」同然に愛された。

20年2月、野村さんが他界した直後に新型コロナウイルスが拡大。お別れ会は延期された。番記者の口約束は空手形になっている（21年7月時点）。

親孝行な人は伸びる

衝撃の人類最速投手と似たような数字だ。160円台を通り過ぎ、ついに170円を超えた、レギュラーガソリン1リットル当たりの価格（22年3月時点）。でも私は以前200円超で給油したことがある。

東日本大震災直後、山形県南の豪雪地帯にある支局にいた時。宮城から避難していた両親の車用に、午前9時開店のガソリンスタンドに未明から並んだ。既に十数台の行列。「1台10リットル、210円」との説明書きも。満タンには何日もかかる。もったいないので待つ間はエアコンオフ。3月でも道路脇にはまだ雪山。厚着していても寒い。何度も用足しに行きたくなる。ウイスキーの空き瓶を足元に置いた。

これがいくらか笑い話になる11年前の記憶。あの後は三陸地方の親戚が住む仮設住宅で何年か年越しした。場所は山奥の野球場の一、二塁間。こたつを動かさなければ布団も敷けない茶の間。最初の11年冬は壁が薄かった。隣家の口論も内容が大体分かる。とにかく寒く、ダウンジャケットを着たまま寝た。

大みそかの紅白歌合戦。美輪明宏さんの『ヨイトマケの唄』をみんなでじっと聞いた。家族を思い必死に働く母親を描いた名曲。「子供のためならエンヤコラ」。仮住まいにいたからなお、復興の道半ばにある人たちの不屈の精神を代弁しているように思えた。

仮設住宅で過ごした沿岸住民からは希望の星も生まれた。佐々木朗希投手。170キロ到達が視界に入る有望株だ。偉大なのは、家族3人を失っても息子3人を育てた母親だ。

「親孝行な人は伸びる」。野村監督は半生を振り返ってはよく言った。端的《たんてき》に言うと、喜んでもらいたい相手が目の前にいる人ほど頑張れる、という意味だ。

「大金をつかんで母親を楽にしてあげたい」

野村さんは前述の通り戦争で父親を失った。貧乏がゆえにいじめに遭ったし、必死に働き続けた母親は大病にも見舞われた。新聞配達やアイスキャンデー売りで家計を支えた野村少年には、夢があった。「たくさん稼げるだろうって流行歌手、映画俳優も目指した」。でもなれそうもなかった。残ったのが野球。

高校でプロへの道を切り開こうと思った。しかし母親は言った。「義務教育を終えたら働きに出てくれ」。経済的に余裕がなかった。

それを押し切って高校で野球を続けたが、滑り込むように南海に入ると、野村さんは親孝行に努めた。

食事は丼飯、漬物とみそ汁。ユニホームもサイズが小さい監督のお下がり。プロ選手ながら高卒の初任給と大して変わらない月給を切り詰め、実家に仕送りした。「早く1軍に上がってもっと送るんだ」。そう思えばこそ努力もできた。徐々に送金額が増え、新居をプレゼントしようかというくらいにまでなった。

貧しかった少年時代を必死で支えてくれた母・ふみさんへの思いは強い。正月（1959年）帰省した自宅前で。（写真提供：野村家）

野村さんの半生と『ヨイトマケの唄』は重なる。曲は最後にクライマックスがある。いじめられた後、母親に泣きつこうとしていた少年は、高校、大学を出てエンジニアになる。「母ちゃん見てくれこの姿」。亡き母に誇る姿を歌う。

実は野村さんも南海で選手兼任監督就任が近づいた時、母親に伝えた。だが反応は期待通りでなかった。「務まらない。断りなさい」。そこまでは息子に多くを望んでいなかった。それもまた親心。

「親ガチャ」。子は親を選べないという意味の表現が流行語になる時代。だからといって孝行息子が死語だと思うなかれ。立派な人が東北楽天にいた。ちょっと前まで。

13年11月3日。初の日本一を懸けた巨人との日本シリーズ第7戦がある日の昼頃。息子は球場へ向け、車を走らせていた。道中、携帯電話が鳴る。母親からだった。がん闘病中で、入院しているはずなのに。「いつも父ちゃんの番号なのに何だろう?」。不思議に思いながら電話を取った。声の主は母だった。

「今日退院したから。応援しているから。頑張ってきなさい」

予期せぬ吉報、これ以上ない激励。息子は気持ちが楽になった。最悪も覚悟していたから。

「先発ピッチャー、美馬《みま》学」。試合開始、球場に息子の名前が響く。

チームは前日の第6戦、この年無敗の絶対的存在、田中将大が投げてまさかの逆転負け。日本一達成できるかの瀬戸際、多くの人が「もう駄目だ」と諦めかけた。そこで美馬は一世一代の投球をし、重苦しい空気を振り払う。

立ち上がりこそ先頭の長野久義へ死球を与える。さらに遊撃の名手、松井稼頭央《かずお》（現西武監督）が失策。嫌な空気のまま2死満塁で打席は坂本勇人《はやと》。しかし右腕はすいすいと2球で追い込み、3

球目スライダーで中飛に打ち取った。

前日12安打の巨人打線にその後はつけ入る隙さえ与えない。1カ月ほど前に右肘を痛めたとは思えない快投。6回1安打無得点に抑える。ベンチに帰ると則本昂大《のりもとたかひろ》が言った。「美馬さん、これじゃ俺の出番ないですよ」。

美馬は見えない力を感じていた。「何かに守られているような気がしたし、操られているように体が動いた」。それは母の愛情、あるいは晴れ姿を見せようとする息子の思い。その両方だったのかもしれない。
七、八回は則本。九回は前日160球完投の田中が封じる。歓喜の瞬間、美馬は思った。「すごいな、神様は。こんなに完璧なストーリーを作れるのか」。
田中によるフィナーレがあまりにも強烈なため忘れられがち。だが、美馬の頑張りが日本一を引き寄せたのは紛れもない事実だ。美馬はシリーズMVPに輝いた。勝負の秋、クライマックスシリーズ以降3勝。手負いの体でチームを支え続けた。

それから4年。母子ともに、いつが最後になるか分からない覚悟があったのだろう。17年、親思いの美馬は伸びた。過去最高の年間成績を挙げる。

開幕投手拝命、オールスター戦出場と初の経験が続く。9月19日、31歳の誕生日を見事な完封勝利で飾る。前年から7度はね返され続けた「10勝の壁」をついに破った。スタンドには両親、妻が駆け付けていた。美馬が「凝縮されていた」と言う1年。息子の晴れ舞台のほぼ全てを母は球場で見た。

駆け抜けて迎えた秋。母は心と体に好不調に波がある時期だった。「大丈夫だよ」といつも通りの激励がしにくい空気だったある日、息子は言った。

「球団に背番号31から15に変えないかって言われているんだ。1月5日が母さんの誕生日だし、いいかなって思っているんだ」

母は最近なかったくらいに笑って、喜んだ。

そして12月9日に旅立った。

翌年から美馬は1と5を背負った。19年にはエース格の働きをした。そのオフにフリーエージェント宣言してロッテに移籍。同じく1と5を身に付け、1年目から2桁勝利を挙げた。

そう言えば、と私が気付いたことを二つ。美馬を第7戦で起用した星野仙一監督も母子家庭で育った。そして震災後、東北楽天選手会長の嶋基宏がファンの前で述べた言葉は「親孝行な人は伸びる」とも似る。

「誰かのために戦う人は強い」

美馬が東北を去った理由は、障害のある我が子の育児環境を求めてだった。彼は変わらず戦っている。家族の存在を胸に。

感謝、感謝、感謝

仰げば尊し我が師の恩――。試合前の東北楽天ベンチ、次から次と野村門下の卒業生たちが恩師のもとへやって来る。「お元気ですか」。監督はだいたい冗談で返す。「お前、遠い存在になったな。お前が引退して監督になったら、俺をヘッドコーチで使ってくれよ。いい仕事するぞ」。

ヤクルト監督時代の稲葉篤紀、阪神での赤星憲広、社会人シダックス監督での武田勝（日本ハム）、森福允彦《まさひこ》（ソフトバンク）。ほかに井端弘和、G・G・佐藤（西武）の姿も。以前、野村監督が少年野球チームを指導した時に接点があった。稲葉を筆頭に、プロに導いてもらったと多少なりとも思っている人は、特に義理堅い。

監督はある選手が来た後、特にうれしかった思い出を記者たちに語った。ヒントは野村監督退任2年後の03年、阪神のリーグ制覇を支えた4番打者で選手会長。

「『今になって野村監督が言っていた意味が分かる。おかげで優勝できた』みたいなコメントを新聞で見たんだ。そんなこと言ってくれたのは一人だけ。さほど教えた実感がなかった分、うれしかったなあ」。桧山《ひやま》進次郎のことだ。

桧山は1998年まで中軸を打つ看板選手だった。しかし99年、野村監督になると、控えが増えた。それでも2001年に外野の定位置を奪還。夏場以降4番に定着、自身初の打率3割を記録して復権。05年のリーグ制覇にも貢献。

監督はあいさつに来た桧山を面と向かって冷やかした。「お前、すっかり立派になって。俺が阪神の時は今ほど働かなかったじゃないか」。桧山は苦笑いして「あの頃はまだ野球が分かっていなかったんです」。

桧山はぼんやりとベンチにおらず、野村監督がぶつぶつ言う配球予想に耳を傾けていた。野村流勝負の駆け引きを学んだという。

二人が旧交を温める姿を見て、私は野村監督の語録を2つ思い出した。

「努力に即効性はない」

すぐ結果に結びつかなくても辛抱強く頑張るのが大事、という意味。

実際、野村監督の教えは一朝一夕では血肉化しない。人によっては言葉の意味が心から理解できるようになるのに、年単位で時間を要する。そもそも考え方から大人になる必要がある。ゆえに野村監督は言った。

「人間的成長なくして技術的進歩なし」

そんなこんなで、教えた本人も忘れた頃に、熟成期間を終え「門下生です」と名乗り出る選手がいた。桧山のように。しかし、東北楽天の選手たちはまた別の話。「種をまき、水をやり……」の段階だから仕方ないのだが、早く果実として収穫したい思いの野村監督には待ち遠しかったのだろう。

「王がうらやましいよ」。09年開幕前、その年限りでの退任が既定路線とされてきた野村監督はぼやいた。引き合いは前年、ソフトバンク監督を先に退いた終生のライバル・王貞治。

「主力の選手たちがインタビューで言っているのをさ、聞いたことがあるんだ。『監督を胴上げしたい。』って。俺なんか言われたこともない。これは人望の差か？」

単なるねたみにしか聞こえなかった。聞いた当時の私には。しかし10年以上が過ぎ、ある問いかけが潜んでいたと気づく。

「感謝」とは口に出してこそのものではないか？と。

「情け」ならぬ「感謝」はひとのためならず。感謝は周囲を生かすだけでなく、巡り巡って自分に返ってくるものではないか？と。

感謝のいわれは、感じた言葉を射るようにして相手に発することとされる。やはり、口にしてはじめて感謝になるのだ。

ここから野村監督の教えの中でも最も重要な人生訓を紹介する。

「自分のために技術を高め、チームのために戦い、ファンのために勝利を見せる。それが家族のためになり、最後は自分に返ってくる。だから自分はまわりに生かされていると自覚し、感謝の心を持とう。そうすれば自分の向上心、他者との信頼、絆につながっていく」

感謝できる人になるためには、謙虚でなくてはならない。だから「慢心」を排除させようとした。

「自分を過大評価した時から、思考の硬直が始まる」

「『おかげさま』という言葉が出てくるようでなければいけない」

当の野村監督も野球人生の悲願を成し遂げた時、言った。

１９９３年、ヤクルト監督として常勝軍団の西武を破り、日本一達成。勝利監督インタビューで個人的心境を聞かれた問いをかわして語った。

「ファンの皆様、選手諸君、コーチ、球団の方々、本当に皆さんに感謝、感謝、感謝です」

詰まるところ、野村監督は野球という団体競技を通じて、感謝の気持ちのある自立した社会人を育てようとした。だから「野球は人生そのもの」と言ったのだ。

「王がうらやましいよ」に話は戻る。本当に東北楽天に「野村監督を男にしたい」と感謝を公言する教え子はいなかったのか？　一人だけいた。苦難続きだったからこそ監督の数々の言葉を意気に感じ、別人のように生まれ変わった人が。

時は初の２位に躍進した２００９年秋。舞台は本拠地、３位ソフトバンクとのクライマックスシリーズ（ＣＳ）第１ステージ第２戦だ。

野村監督はほんの一瞬、恍惚《こうこつ》の表情を浮かべた。予期せず教え子に抱きしめられた。野村楽天の４年間、本拠地で一番と言い切れる幸せな瞬間。

東北楽天に五回、４－０と一気に試合の主導権を握る３ランが出た。打った山崎《やまさき》武司（現山﨑）がベンチに戻る。日本シリーズ出場を懸けた第２ステージ進出が事実上決まったような瞬間。球場は歓声の渦に包まれた。

監督は珍しくベンチ前に出ようとした。普段は腰が重いのに。「危機管理する立場なのに、一緒に両手を合わせて大喜びする若い監督の心境が分からん」と言って。それが、ついうれしさからハイタッチを求めてしまった。すると山崎の巨体が迫る。監督はとっさに受け入れた。

失意とやり場のない怒りに支配されていた監督の心は和らいだ。CS直前に球団から契約満了を告げられ、「日本シリーズまで進んで、球団を困らせてやる」とくそったれ精神に火が付いていたから。

抱擁は山崎からの無言の感謝。どう見ても明らかだった。前日のCS第1戦開始直前、「監督と少しでも長く試合をするんだ。今までどれだけ世話になったと思っているんだ」と恩義を言い、実際に2試合連続で一発を放ったのだから（第3章「俺だってそうなんだ」参照）。

山崎は理不尽さを嫌う性格が災いし、監督との関係がこじれて中日、オリックスで居場所を失った。球界ではちょっとした問題児的存在だった。ある年、優勝へと前進する劇的なサヨナラ弾を打った。その時の監督に山崎はわだかまりを抱いていた。だから監督が近寄り祝福の抱擁をしても、笑顔さえ見せなかった。

それが野村監督には自ら抱きついた。

東北楽天で「考える野球」に開眼。40代目前で本塁打、打点のタイトルを獲得し、輝きを取り戻したとはいえだ。「やんちゃだった頃に野村監督と出会っていたら、反発もしていただろう。俺も年齢を重ねて変わった」。野村監督もチームの模範となる「かがみの存在」と認めるほど、山崎は精神的にも成長していた。

これ以上ない勢いに乗って、第2ステージが行われる札幌へいざ乗り込もうという日。Kスタで最後の練習を終え、出発するバスを見守った私は、夕方の北の空に二重に架かる虹を見た。吉兆と信じた。

しかし、第2ステージは日本ハム・スレッジの逆転満塁サヨナラアーチで第1戦を落とすと、劣勢が続く。あと1敗で日本シリーズ出場が夢と消える第4戦試合前。「もし負けなら、野村監督を胴上げで送りだそう」とチームは裏で準備を進めていた。

情報は私の耳にも入った。ベンチ裏、一人でいた山崎を見つけ、声を掛けた。彼は心から胴上げに賛成ではなく、少し不機嫌そうだ。そしていつも通りに問わず語りを始めた。

「お前は『負けて胴上げなんておかしい、それが監督の花道になるのか』って言いたいんだろう。そんなの俺だって分かってる。監督にはやっぱり優勝の胴上げで晴れがましく喜んでもらいたい。そう願ってずっと戦ってきた。何より戦う今から負けた後を考えてちゃいけないだろう」

試合後、野村監督は両軍選手によって宙を舞った。山崎はその下にいた。門下生の稲葉らと一緒に音頭を取って。

「優勝の胴上げをしたい。そう心から思える初めての人だったのに。本当に悔しい」。山崎は試合後もただ無念そうにぽろぽろと涙を流した。見ている方までぐっと来るほどに。結実せずとも、感

日本ハムとのCS第2ステージ敗退後、野村監督は両軍の教え子らに胴上げされた。
(09年10月24日、札幌ドーム　写真提供：河北新報社)

謝の気持ちを公言して最後まで戦い、散った彼の姿は輝いていた。

時は流れて21年。野村門下生の多くが指導者として花開いた。

阪神、東北楽天で指導を受けた中谷仁が監督を務める智《ち》辯《べん》和歌山高は夏の甲子園大会で頂点に。東京五輪では稲葉監督率いる日本代表が金メダル獲得。そして秋には1993年野村ヤクルト初の日本一達成時の優勝投手、高津臣吾監督率いるヤクルトが日本シリーズを制覇した。

コロナ禍で延期になっていた「野村克也さんをしのぶ会」が年の瀬の明治神宮野球場で行われた。高津監督は小春日和の青空を見上げ、弔辞を読んだ。

「私の役目は野村野球を継承していくこと、残すこと。そしてそれに新しいものを加え、今の選手に伝えていくことではないかと思っています。頭でやる野球の遺伝子は今も、未来も生き続けています」

そして最後、優勝投手として聞いたあの言葉で、恩義を表現した。

「感謝、感謝、感謝」

22年3月25日、プロ野球が開幕した。今度こそ石井一久監督、田中将大投手がけん引する東北楽天の番。空の上からノムさんも見ている。いつものようにぼやきながら。

届いた封筒には……

前項が22年3月末まで続いた連載「今こそノムさんの教え」としての最終回だ。ここまで書き終えて、デスクに原稿を送ろうかと思った時、ちょっと不思議なシンクロと思える出来事が起きた。

ノムさん本人から私へと「感謝の言葉」が届いた。

封筒には「感謝」と書いてある。同封のQRコードにスマートフォンをかざすと、いつものぼやき声が聞こえてきた。紛れもない肉声だ。

「人間って人の間と書く。人と人の間で生きているんだ。それをついつい人間っていうのは忘れがちだ。そこに感謝が生まれてくる……。年寄りみたいなこと言ってすいません」

差出人は、ノムさんの息子・克則夫人の有紀子さんだった。どうやら連載を読んでくれていたらしい。「これからも父の記事を書き続けていただけたらと思います」と直筆のエールも添えられていた。

私はここまで来てまた、ノムさんによる啓示のような導きを得た気がした（第7章「河北新報を味方にできなかった」参照）。

第3章　人を遺す

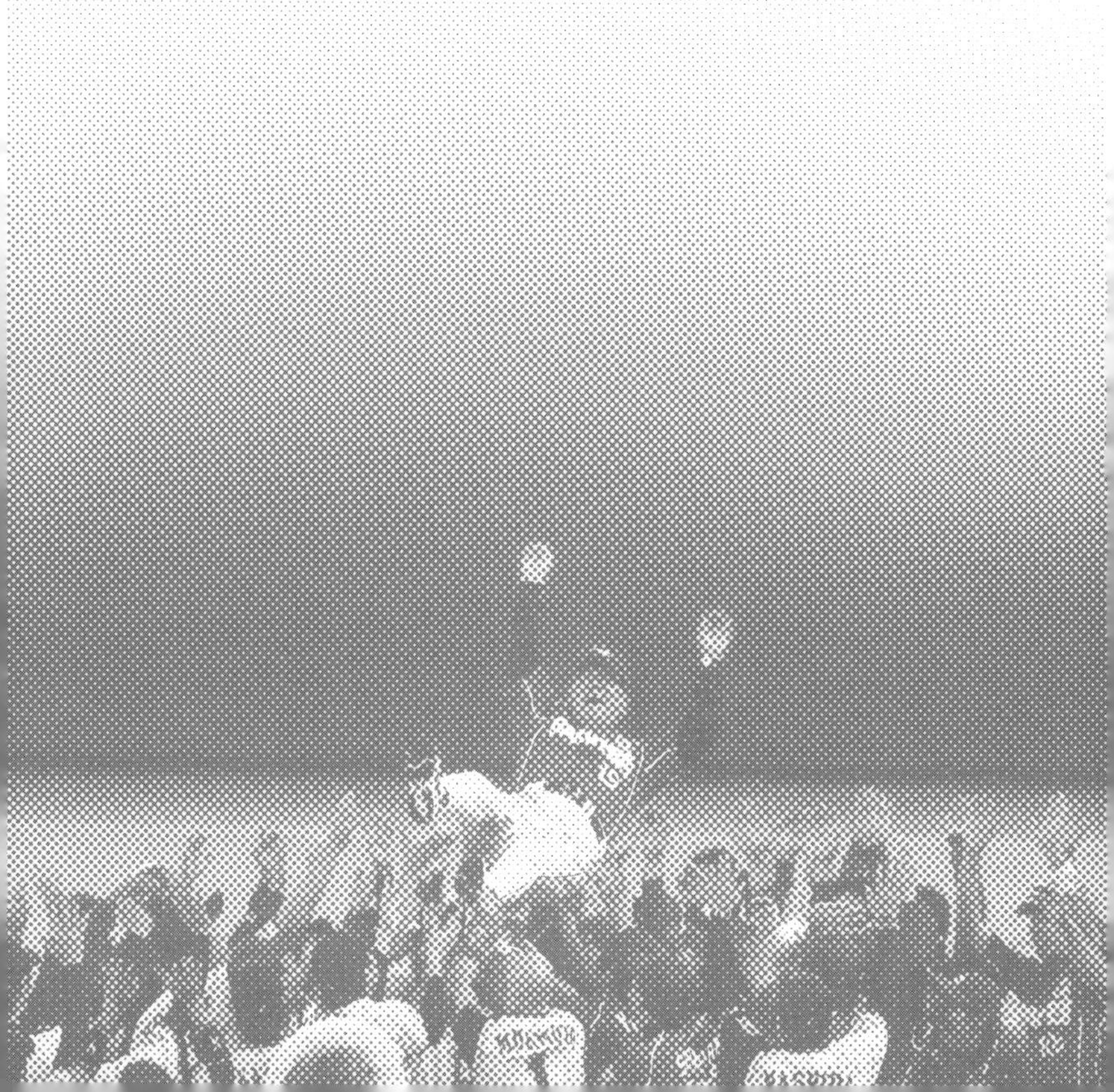

「メメントモリ」。ラテン語で「死を想え」を意味する言葉だ。諸説あるが、こう解釈したい。人間どうせ死ぬのなら、それまでを精いっぱい生き輝こう、と。野村監督も「クビになったとき後悔しても遅い」と指導した。後述するが、2009年、日本ハムとのクライマックスシリーズ（CS）第2ステージ、逆転サヨナラ満塁被弾した福盛和男は「あれは運命だった」と言った。しかし、そこに至る道筋、困難に負けずに花咲かせた苦労人がいた。

失敗と書いて成長と読む

21年夏、全国高校野球選手権で智辯和歌山を優勝に導いた中谷仁《なかたにじん》監督。主将だった1997年に続き、指導者でも栄冠に輝いた。お忘れの方も多いだろうが野村楽天最後の2009年、正捕手は嶋基宏ではなく、彼だった。毎年のように戦力外を覚悟しながらも、必死にはい上がってきた。

真っ黒に日焼けした高校球児のような風貌から想像できないほど繊細で内なる弱さをのぞかせる人だった。07年、久米島キャンプの紅白戦。前年夏の甲子園を沸かせた高卒新人・田中将大の初実戦だった。結果は直球勝負でソロ2被弾して2回2失点。元スター球児同士でバッテリーを組んだ中谷に感想を聞いた。

「将来球界を背負う投手のスケールを感じた。結果打たれたが、直球で攻めたかった。こういう談話、ほしいんでしょ」。取り囲む報道陣に期待通りの返答。しかし二人きりになると不意に本音が出た。「僕だって1軍に残れるかという立場。正直、結果を出したかった……。だからあまり打たれたって書かんといて」。最後は関西弁だった。

中谷は1998年ドラフト1位で阪神入団。しかし不慮の事故で左目が失明寸前になり、2006年に東北楽天へ移籍。プロ10年目、阪神に続き野村監督に仕えていた。

08年9月末、2軍練習場。中谷が私に近づいてきた。「今日は何の取材ですか」。まさに戦力外通告の時期。記者の姿に不吉な気がしたのか、不安そうに探りを入れた。移籍後3年で1軍12試合出場。常に危うい立場にいたからだ。

「『今年が最後』と思い続けてラストチャンスをつかんだ」。09年、ついに花開く。きっかけは同年初出場の阪神戦、しかも球児の聖地・甲子園。

交流戦最後の試合、野村監督らは「今日駄目なら中谷は2軍へ」という予定をうれしい誤算で覆される。五回代打に出た中谷は、相手のエース・能見篤史《のうみあつし》（元オリックス）からプロ初アーチ。続く捕手の守備でも、盗塁王の常連である赤星憲広の二盗を阻止した。阪神での苦労を知る彼らは「中谷にやられた」と取材に答え、活躍の価値を高めてくれた。

「捕手は投手の補手であれ」「目配り、気配り、思いやり」。捕手には、投手をもり立てる配慮を求めた野村監督。「敗因を生かそうと研究熱心だし、他と違う雰囲気がある」と中谷に何かを感じた。勝利数が伸び悩んでいた永井怜への好リードを足掛かりに正捕手定着。自己最多55試合に出て、夏からの快進撃を扇の要として支え、球団初のCS出場に貢献した。

日本ハムと戦ったCS第2ステージ第1戦、悔しいでは済まない失敗をする。野村監督の最後の花道を飾るべく破竹の勢いで第1ステージを突破して迎えたこの試合、快勝目前でまさかの結末を迎える。抑えの福盛和男がスレッジに逆転満塁サヨナラ被弾。東北楽天史上最大の悲劇だ。「全ては自分の捕手としての未熟さによるもの。あのまま勝ったら、きっと日本シリーズに進んでいた」。中谷はこう吐露した。直前に鉄平の2ランで4点差に広げ、チームが「これでいける」と思った九回。今も「福盛の21球」と語り草の悪夢が待っていた。

福盛は先頭を打ち取った後、怒濤《どとう》の3連打を浴び1失点。さらに与四球で満塁に陥った。その四球はフルカウントから落ちる球を見逃された。丁寧な投球が実らず動揺したのか、バッテリーは敵地の押せ押せの雰囲気にのまれていく。

それでも野村監督は次打者スレッジに対して、明確な攻略法を持っていた。

「選球眼が悪く、振ってくる。1ストライク取ってしまえば、後は落ちる球でひたすら誘えばいい」

幸い福盛には、「数々の修羅場をくぐり抜けた相棒」と自負する勝負球フォークボールがある。

いざ対決。スレッジへの初球はチェンジアップ。甘く上ずったが、相手はつられて振ってきた。願ってもない1ストライク。

あとは監督のイメージ通り。フォークを落とせばいい。お膳立てはできた。

日本ハムとのクライマックスシリーズ第２ステージ第１戦、まさかの逆転サヨナラ満塁弾を浴び、失意に暮れる福盛投手。（09年10月21日、札幌ドーム　写真提供：河北新報社）

そして21球目。

中谷の指示「フォーク」に福盛は首を振る。「じゃあチェンジアップをもう一球?」。これも合わない。「えっ、えっ、どうするの?」。中谷は取り乱す。直後、福盛が投げたのは直球系の逃げる変化球ツーシーム。しかしスレッジがどんぴしゃりのタイミングで打ったボールは、瞬く間に左翼席へ突き刺さった。

福盛は数日前にインフルエンザ感染。病み上がりだった。「フォークを確実に落とせる自信がなかった」。だから外角へのツーシームをファウルさせ、まず2ナッシングにしたかった。「3つボールを投げてもいい圧倒的余裕があれば、今日の調子でも1球はフォークが決まる」と信じた。

「サインに自信を持てばよかった。マウンドへ声を掛けにも行けた。準備や覚悟を欠いた自分の責任」。中谷は己の至らなさが歯がゆかった。

あれが中谷が輝いた唯一の年になった。12年に移籍した巨人で引退。18年9月、母校の監督になった中谷を訪ねた。どこか悩みを打ち明けてくるような語りは相変わらず。「まだあの時の失敗を乗り越えたとは言えない。高校生たちにああいうピンチを100%の覚悟を持って乗り越える指導ができた時。そこでやっとでしょうかね」。

時は来た。21年8月29日の甲子園、決勝戦。3点差に広げた後の六回守備。無死一塁を許した。流れが傾きかねない局面で、中谷監督は伝令を送る。一呼吸置いたナインは続く打者を併殺に打ち取り、ピンチ脱出。その後も追加点を重ねて主導権を渡さず、頂点に立った。

「CSの失敗を過去の物にできたか」。中谷は試合後の取材に答えた。「一緒に苦しんできた子供たちが大きな仕事をやっちゃった、って気持ちはあるが……」。

野村監督の教えに「失敗と書いて『せいちょう（成長）』と読む」がある。成長とはある時に振り返って実感するものなのだろう。中谷は名将への道を歩み始めたばかり。まだまだ前だけを見ていてほしい。

人を遺すを上とす

「野村克也さんをしのぶ会」が21年12月11日、東京・明治神宮野球場で行われた。ヤクルト監督時の一番弟子、古田敦也さんは原稿も見ず弔辞を述べ、恩師との日々を回想した。「時に厳しく、時に厳しく……。ずっと厳しい指導でした」。テレビなどではここで切り取られがちだったが、直後に「ただ……」と本音を明かしていた。「選手たちは監督に認められたい、監督に求められる選手になりたい一心で必死に付いて行き、成長することができ、そしてスワローズが強くなりました」。

野村さんも南海での選手時代、同じような思いをした。苦い記憶をスマートに言える弟子と異なり、年老いても恨み節丸出しだったのが、野村さんの人間くささ。鶴岡監督から受け継いだ厳しさは、「クソッタレ」と負けん気を胸に野球道を突き進む原動力となった。

野村監督は反発心を後進に植え付けようとしたわけではなかった。単に要求が高かった。結果、厳しさに耐え抜いた人材が育った。晩年の東北楽天監督時代、よく言った。「財を遺《のこ》すは下、仕事を遺すは中」。続く言葉が「人を遺すを上とす」。

南海で引き立てられた元投手・江本孟紀さんは最初の代表的な「人」だ。ここからその弔辞を紹介する。あまりにも端々に思いがあふれているので、全文そのままに。南海から移籍した阪神で「ベンチがアホやから野球がでけへん」と言って引退に追い込まれた「エモやん節」は影を潜めていた。小春日和、空の上にいるであろう野村さんへ向かって、とつとつと語り始めた。

＊

野村さん、あなたが逝ってしまってからもう2年近くがたちました。亡くなった次の日、お宅にお邪魔をしてお別れした日を忘れられません。本当に安らかなお顔をしていましたね。グラウンドで見たことのないようなお顔でした。

あなたに初めて会ってから来年で50年になります。長いお付き合いでしたが、思い返してみれば、私があなたにほめられたのはたった一度しかありません。

昭和47（1972）年あなたは自主トレ中の南海ホークスの中百舌《なかも》鳥《ず》球場に、でっかいリンカーンで乗り付けてきましたね。あれには驚きました。私はその1年前にドラフト外（65～92年にあったドラフト指名を経ないプロ入り方法）で東映（現日本ハム）に入団し、その年の暮れに南海にトレードされてきたばかりでした。キャッチャー兼監督だったあなたは、（1年目）0勝4敗の初対面の私に「俺が受ければ10は勝てる。先にエースナンバーを着けとけ」。そう言って16番をくれました。

その年の開幕戦のダブルヘッダーで、私は阪急（現オリックス）の山田久志（能代市出身）と投げ合いました。延長十三回まで投げて、私の押し出しデッドボールでイチゼロ（0－1）で負けてしまいました。しかし帰りのバスで、あなたはチームメートに「お前ら今日は江本に借りができたな。次は返してやれよ」と声を張り上げてくれました。忘れもしません。

私は高校（高知商）で甲子園の土を踏むことができず、大学（法大）でも社会人（熊谷組）でも不完全燃焼で、（23歳の時）ドラフト外でプロに入りました。その2年目の春に、あなたから「借りができた」と言ってもらいました。その時やっと野球選手になれたな、プロでやれるかもしれないなと自信が芽生えました。

ただ、あなたにほめられたのは後にも先にも、あの一回きりです。

その後、どれだけ勝っても、プレーオフや日本シリーズで勝ち投手になっても、引退して解説者、評論家になってからも、一度もほめられた記憶はありません。その挙げ句、「3悪人（他は同じく当時南海の江夏豊、門田博光の両選手）」とか言われていましたね。

（日本記録の通算1065盗塁を誇る）福本豊（阪急）の盗塁阻止にしてもそうです。あなたが発明したというクイックモーション。実際は福本の足が速すぎて、キャッチャー・野村の肩ではどうしても間に合わなかった。だから監督・野村がわれわれピッチャーに命じたんですよね。「もっとちっちゃいフォームで早く投げろ」。南海の投手陣はアメリカから来たコーチを呼んで必死に練習しました。その結果キャッチャーの肩をフォローしました。

ここ神宮球場では何度か大げんかもしました。あなたは阪神の監督で、解説者の私が投手起用を恐る恐る批判した時でした。あなたは次の日、神宮球場の三塁ベンチで私が来るのを待ち構えていましたね。阪神のピッチャー陣の名前を書いた紙を突き出して「どこに使えるピッチャーがおるんや！　見てみい！」。開口一番、えらいけんまくでした。

結局、（試合間近の）シートノックが始まるまで、ベンチで言い争いをしていましたね。最下位続きの阪神で、選手のやりくりに苦労していたのかもしれません。しかしこの神宮でヤクルトに負けたくなかったのかもしれません。

でも、野村さん。あなたには神宮球場も似合うけど、私の目に焼き付いているのは、大阪球場の、南海ホークスの野村克也です。（2015年に中日・谷繁《たにしげ》元信が更新するまで歴代1位だった出場数）3017試合、（歴代2位の通算）657本塁打。南海で名選手になっていなかったら、その後の輝かしいキャリアはなかったと思います。

私もあなたに背番号16をもらい、育ててもらって、（リーグ制覇した1973年に）胴上げ投手の経験もさせてもらいました。あなたとの出会いがあったから、いま私はここに立っています。

大阪のなんばパークス（大阪球場跡地にある商業施設）に、南海ホークスのメモリアルギャラリーがあります。南海を辞めた時のもろもろのいきさつがあって（第2章「世界に一人しかいません」参照）、今まであなたの写真は1枚も飾られていませんでした。そこでファンの皆さんの寄付で、今年になってようやく写真や功績が展示されるようになりました。

鶴岡さん、杉浦（忠、南海の大エース）さん、皆川（睦雄、米沢市出身で通算221勝）さん、ブレイザー（ドン・ブレイザー、野村監督とシンキングベースボールを推進した参謀）……。空の上で、南海の先輩や仲間と仲良くやっていますか。その横にサッチー（妻・沙知代さん）はいるでしょうか？　悪口の言い合いをしているかもしれません。

そのうち、私もまた入れてください。野村さん、空の上で私の声を聞いてくれていますか？

強かった南海の4番バッターで、正捕手で、優勝監督。そんな大先輩の弔辞を私が任されるなんて、本当におこがましいです。今日の弔辞はいかがでしたか？　やはり、ほめてもらえないかもしれませんね。弔辞を読んだことを、いつか空の上のベンチで一緒に話ができたらいいですね。そのときはぼやきもなし、けんかもなしで2度目のおほめの言葉をください。

　野村さん、本当に今までありがとうございました。

＊

　憎さと恋しさが巡り巡る。最後、心にどうしようもなく大きな穴が空いていると気付き、もう一度会いたくなる。会場で多くの「人」が同じようにノムさんへの一筋縄ではいかない愛情を抱いた。それを象徴する江本さんの素晴らしい弔辞だった。

人には添うてみよ

　東京・明治神宮野球場の「しのぶ会」参列者受け付け。約600人いる四方を見回しても、ほぼ黒一色の服装だった。それはそうだ。亡くなってから約2年。葬儀でないにしても、故人へ思いをはせる集《つど》いだ。自分も当然、全身真っ黒で立っていた。

　球場正面に車で乗り付けた男性が一人。さっそうと現れるやいなや周囲がざわつく。野球関係者というより芸能人風の整った面立ち。いつも上機嫌の彼は見るからにスターのオーラが漂う。でも厳粛な場に、チェックのグレージャケットはちょっとどうなのか。「さすがに少し浮いているでしょ」と思ってしまった。

　その男性は祭壇に献花する際も、とっぴな行動をした。野村さんの遺影を前にしてそっと白い花を置く人たちをよそに、一人だけひょいっと投げ付けた。「根っからの目立ちたがり屋」「宇宙人」「代表的なアホ」とかつて野村さんは評した。「今日立つ必要あるのか」とまた思った。

その人は「ビッグボス」こと日本ハム監督の新庄剛志さん。99年から2年間、野村阪神で過ごした。投手挑戦や4番希望を許されるなど、引き立ててもらった教え子。閉会後、テレビカメラの前でニコニコ笑って話す姿に、一連の疑問を感じた自分が愚かに思えた。

新庄さんは生前言われていた。「お前だけは俺がこの世を去っても笑顔で見送ってくれ」。元気よく「分かりました」と答えていた。だから実際に「約束を守った」と明かした。

くだんのジャケットは野村さんの形見分けだった。新庄さんがかつて「いいですよ」と勧め、野村さんも好んだイタリアの高級ブランド「ベルサーチ」製だ。

遺族に頼み込んでジャケットを譲り受け、5万円以上かけて新庄さんのサイズに仕立て直した。クリーニングにはあえて出さなかった。中華料理を食べこぼした襟元の染みと共に「野村さんの臭いも残る」。

「この会で着たくて、着たくて。きっと『なんやお前、かっこいい服を着とるやないか。でもそれ、見覚えあるな』と言っていると思う」。新庄さんは恩師の声まねとともに明かした。

献花は投手になったつもりだった。「二刀流をやっていたから、捕手だった野村さんに受けてもらいたかった」。時空を越えて野村さんとバッテリーを組んだ気分で振る舞った。

そもそも二人は気脈を通じていた。

野村さんは南海での選手時代、監督一派ではなく疎外感を胸に過ごしてきた。だから自分が監督になった時、同じ思いをさせないために、選手やコーチ陣とグラウンド外での個別の付き合いを極力避けた。

しかしわずかな例外が新庄さんだった。東京・赤坂などによく一緒に買い物に出掛けた。野村さんの口から出たと周囲には信じられないほどの言葉で、新庄さんはいとおしがられたという。

「憎らしいくらい、お前はかわいいいな」

だからしのぶ会では、新庄さん流のやり方で愛情表現をした。寂しがり屋の野村さんがどうしたら明るくなるかも考え抜いたのだろう。実に相手本位の弔《とむら》いだ。

日本ハム選手時代以降、新庄さんのパフォーマンス的言動がなぜ支持されるのか。目の前で謎が解けた気がした。

新庄さんは、どうすれば自分がそつなく振る舞えるかという「通念」にとらわれていない。そして野村さんから教わった「ファンがあってのプロ野球」という客本位の原点を今、再び胸に刻んでいるという。

確かに型破りでウケ狙い的な言動をする。しかし受け手への思いが見た目以上に深いからこそ、ファンは支持するのだろう。野村さんと同じような抜群のサービス精神を感じるし、恩師以上に天才的だ。

「阪神再建にはまず新庄をどうにかしないといけなかった」。振り返れば野村さんは意識して新庄さんに波長を合わせた節がある。

「馬には乗ってみよ、人には添うてみよ」

乗らないとどんな馬か分からないのと同じく、人の良しあしも寄り添わないと分からない、という意味。東北楽天監督在任時、新庄さんの思い出話をする時に、この言葉を引用した。

一方の新庄さん。「野村さんはプロ野球のお父さんでした。ほとんど野球の指導を受けていない」「僕みたいなぺーぺーの言うことを聞いてくれた素晴らしさには感謝しかない」。カメラの前でこう語ったほかに、意味深な言葉を残した。

「人間的に成長しなさい、というのを僕も若造ながら野村さんに教えたつもりです」「納得させる僕の話術もすごいと思う」。もはやどちらが上手だったのかも分からない、さすがビッグボス。

後年、東北楽天監督として、いかにも優しいおじいちゃんのような雰囲気で田中将大投手らに接したのも、新庄さんとの関係で目覚めた何かがあったからかもしれない。

＊

新庄さんが阪神時代の野村さんとの掛け合いを寸劇風に振り返ってくれました。せっかくなので紹介します。

（1）99年、野村阪神の春季キャンプ初日、ミーティングが1時間半～2時間と長いというわさを聞いていた新庄さんは、監督室のドアをノックする。

新庄「初めまして、新庄です。お願いがあります。人間の集中力は学校の授業と一緒で45分しか持ちません。だからミーティングを45分にしてください」

野村「そうか、確かにな。じゃあ5分延ばして、50分にしていいか」

（2）別の日、ミーティングで言ったことを忘れ、同じ説明を繰り返す野村監督に新庄さんがくぎを刺す。

新庄「3回は言い過ぎでしょう。今度から2回言い出したら、僕が止めますから」

そして。

新庄「ほら、監督2回目です」

野村「ああ、2回言ってしもたわ」

（3）2000年、野村さんは新庄さんの起用法に悩み、本人に問い掛ける。

野村「お前何番打たせたらやる気出してくれるんや」

新庄「そりゃ4番でしょう」

野村さんはこのシーズン年間通して新庄さんを4番起用。いずれも生涯最高の打率2割7分8厘、28本塁打、85打点を残し、花開く。新庄さんはそのオフ、大リーグに雄飛する。「あれがなかったらメジャーからスカウトされていない。本当に感謝です」と語った。

誰かは見ている

21年の正月、こたつでぬくぬくしながら動画投稿サイト「ユーチューブ」にくぎ付けだった。「仙台放送チャンネル」で見た男たちの別れに際する対談。東北楽天から古巣DeNA（前横浜）に戻る藤田一也を、2歳上の1軍打撃コーチ渡辺直人（現東北楽天1軍内野守備走塁コーチ兼打撃コーチ補佐）がねぎらう。地元スポーツを応援する番組『スポルたん！NEO』ならではの珠玉の企画だった。

2人ともプロへと導いてくれた愛着のある球団から放出され、新天地で活路を見いだし、晩年に古巣へ呼び戻される経験をした。特に藤田は11年、横浜に突然移ってきた渡辺との定位置争いに敗れた過去と因果がある。くしくも渡辺の古巣東北楽天へトレードになると、球界随一の二塁手に飛躍。13年初の日本一達成の原動力になった。

対談は苦楽を経て通じ合える間柄になった特別な関係が言葉の端々ににじむ。

藤田「楽天でもうプレーできないなら、ベイスターズと思っていた。最後もう一回、帰ってプレーできるって本当にうれしいことだし、声を掛けていただいたことに感謝している」

渡辺「古巣に帰るのは一番幸せな形。やっぱりやってきたことは間違えてなかったな」

藤田「しんどかったですけどね」

同じせりふのせいか、私は1978年の「空白の一日」を経て強引な形で巨人に入団した江川卓、玉突きで阪神へ移った小林繁の両元投手が2007年に共演した日本酒（黄桜）のCMを思い出した。杯を交わし、約30年越しに心を通わせる。「しんどかったよな。俺もしんどかった。2人ともしんどかった」と小林。

話は戻って藤田と言えば、13年日本シリーズ第5戦。死球で出塁し、痛みに耐えて三塁まで激走した後、星野仙一監督に「もういい、代われ」と言われて号泣しながらベンチに引き上げる。とても出続けられる患部の状態でないのに続く第6、7戦も先発出場し、日本一の瞬間に立ち会った。

対談で藤田は横浜時代の渡辺から闘志を引き継いだと明かした。

藤田「だって直人さん、『痛くても出ろ』って言うじゃないですか」「横浜時代、とんでもないサポーターを着けて出ているのを僕は見ている」「直人さんの言葉とかレギュラーの人たちの姿を見て、1年間全試合出ないといけないと教わった。直人さんのギラギラした目を見て、僕も楽天でレギュラーを取れた」

渡辺「隙を見せたくなかった。1、2試合休む間に誰かが活躍して自分の居場所がなくなるというのは一番やりたくなかった。レギュラーは『痛い、かゆい』と言ってる場合じゃないっていう思いでやってきた」

藤田は14年全144試合に出て、二塁手として2年連続のゴールデングラブ賞に輝く。一方の渡辺も東北楽天を出た後、一生懸命に歩み続けた。17年冬に7年ぶりに東北楽天に復帰する直前の記事を紹介する。

＊

青天のへきれきだった。「えっ、横浜にトレード？」。球界関係者からの電話でうわさ話を聞いた東北楽天・渡辺直人の表情が突然、曇った。２０１０年12月6日深夜、私は仙台市内の飲食店で一緒に焼き肉の台を囲んでいた。

翌年は大リーグから国内復帰する松井稼頭央と正遊撃手を争う。4季定位置を守る脂の乗りきった30歳は野村楽天で育った優等生。鬼気迫る表情で対抗心をにじませたばかりだった。「開幕でショートを譲っても、1年が終わった時は『やっぱり直人だ』って思われるように頑張る」。

翌朝、一部スポーツ新聞が移籍をスクープした。それでも本人は動揺の色を見せず、自主トレ先の千葉県へ。8日、彼から電話があった。9日に仙台市へとんぼ返りして球団幹部と面会するという。「覚悟はしています」の言葉とは裏腹に心細そうな声。たまらず「明日、そこで出てくるのを待っているよ」と返した。

面会場所のホテルから出てきた本人は意外なほど穏やかだった。「松井が来て、君がベンチを温める姿を見たくない。求められた横浜でキャリアを積む考え方もある」。球団幹部の説得を前向きに受け止めようと必死だったのだろう。

だが、時間を置かず臨んだ退団の記者会見でファンへの思いを問われると、もう涙をこらえ切れなかった。翌10日の契約更改会見では嶋基宏、鉄平、草野大輔も泣いて別れを惜しんだ。創設期の寄せ集め軍団から脱却し、生え抜きの若手が増えていた。渡辺は若手の心のよりどころで、選手会長就任直後の嶋と並んでチームの未来を担う人材だと誰もが信じていた。

東日本大震災が起きた11年、新天地の彼は、レギュラー級・藤田一也らとの争いを制して正二塁手になった。オールスター戦で仙台に帰ってきた。その敢闘賞の賞金100万円を仙台市に寄付。心は被災地とともにあったからだ。「最短で14年にフリーエージェント（FA）権が得られる。その時、楽天に手を挙げてもらえる選手でいたい」。

だが、12年、DeNAとなったチームは若返りを期す。渡辺は二塁手争いで、石川雄洋《たけひろ》、藤田との交換で来た内村賢介に後塵を拝した。13年は開幕1軍にこそ入るも2軍が増えた。「出番がなく、選手として終わりかけていた」という7月、トレードで西武へ。9月26日、東日本大震災後、悲願のリーグ初制覇を果たす東北楽天の田中、嶋、藤田らの勇姿を間近に見た。

「拾ってもらった恩義がある。自分から西武を出て行くようなまねはできない」。15年にFA権を得た時、考え方は変わっていた。年々、守備固めや代打に役割が限られていく中、後輩の指導を積極的に引き受けた。17年は世代交代があって、ほぼ2軍暮らし。10月に戦力外になった。

あれから7年、渡辺が帰ってくる。当時、球団は否定したものの、主力選手のポスティングシステムによる大リーグ移籍が失敗したチーム編成の余波を、彼が受けたのは自明だった。昭和の名作ドラマ『おしん』のような泣き別れにも、彼の口から一度も恨み言を聞いたことはなかった。

それこそが、東北のファンに惜しまれ続けた彼の人間味だ。「チームの模範になる」と評価して、機を見て呼び戻した球団にも家族的な愛情を感じる。入団会見を前に、ファンに代わってただ一言、告げたい。

「おかえり」

（17年11月29日・河北新報より）

*

ベイスターズファンが藤田を迎え入れる気持ちは同じだろう。人間の真価は「敵は我にあり」と克己心《こっきしん》を持ち、置かれた場所で必死に花開こうとする姿に現れる。だから渡辺や藤田の姿はファンの胸を打つ。

「誰かは見ている。だから常に頑張る姿を見せ続けなくてはいけない」。野村監督は、9年間の解説者生活を経てヤクルトから監督就任を請われた時に思った（第2章「上り坂、下り坂、まさか」参照）。渡辺はその教えを体現した。「痛い、かゆい」と言わない意地っ張りなところまで、恩師譲りだ。

藤田、渡辺、西武で23年シーズンから1軍監督を務める松井稼頭央。実際に、3人とも経験や人柄を買われ、元のさやに収まるかのように振り出しのチームに求められたのも、ある意味必然なのかもしれない。藤田にも慕われる渡辺を見て、改めて思った。涙を乗り越え一生懸命に歩む人の思いは誰かに連鎖していく、と。

まねるから始めていい

07年のことだ。東北楽天の久米島キャンプ序盤、ブルペンにすごく目立つ若手がいた。涼しげな面立ちに流麗な投げ方。それでいて制球もキレも抜群。野村監督は右腕を「歌舞伎役者」と呼んだ。八戸大から入団2年目の青山浩二投手。

私はプロ野球取材1年目。青山が瞬間的にエース・岩隈久志よりもよく見え、つぶやいた。「がむしゃらですよね。岩隈はけが明けだし、ひょっとしたら開幕投手あるかも」。一緒にいた他紙の先輩はにやりと笑った。「仕上がりが早いだけ。まだ本物じゃないよ。春だけの選手っているんだ。まあ、だまされる首脳陣も意外にいるけどな」。

あながち自分の見立ても間違っていなかった。青山はキャンプ以降評価がうなぎ上りだった。岩隈に続く開幕2戦目の先発を任され、2試合連続勝利。創設3年目、高齢選手の寄せ集め状態から脱却し、最下位脱出を期すチームの期待を背負った。

しかし、ここから先輩記者の予想が当たる。青山は5連敗した後、球団初の無四球完封勝利を達成する意地を見せたものの、5月限りで先発の座から陥落した。年間で4勝8敗。高卒で11勝し、新人王に輝いた田中将大の陰に隠れた。

08年も同じように終わる。09年には同じ北海道出身の佐藤義則投手コーチが就任。キャンプのブルペンを見て青山の素質を絶賛した。「速球も変化球も確かな制球力がある。ブルペンなら日本で5本の指に入る。これで10勝できなくちゃ、うそだ」。だが先発で気を吐いたのは、クライマックスシリーズ進出決定した10月3日西武戦の完投勝利くらい。3勝5敗2ホールド5セーブで終わる。「ブルペンエース」。野村監督は練習と本番で違いすぎる青山をこう呼んだ。

実際、青山は未熟だった。「1軍にいられるだけで楽しい」。実際、本人はさほど上昇志向がなかった。勝負球の変化球も、1年間戦い抜く体力も足りなかった。

しかし野村監督退任後、佐藤コーチの見立てた素質が救援投手として花開く。青山は心と技の成長を「まねる」ことでつかんだ。

まず「技」。ちょうど高校時代から約10年間交際した彼女と結婚。家族を背負う責任感も芽生えた。翌10年、青山に勝負球スライダー誕生の瞬間が訪れる。

ある試合前のブルペン、不意に田中の投球練習を真後ろから見る機会を得た。投げていたのは当時の代名詞だったスライダー。青山は曲がりの大きさに度肝を抜かれた。握りを凝視すると、独特の方法でボールの縫い目に指をかけていた。青山はそれを盗む。

ぶっつけ本番、試合で試すと面白いようにバットが空を切る。改良を重ね完全に習得。スライダー効果で投球に安定感を増した青山は、救援陣に定着する。5勝1敗1セーブ15ホールド、防御率1・72の好成績。前年7・65だった奪三振率は10・83に急騰した。

「スライダーを得てやっとプロで戦えるようになった。あの時、ブルペンを見せてくれたのは田中の配慮と思う。感謝してもしきれない」。青山にとって忘れられない出来事だった。

そして「心」。プロとしての貪欲さは11年に就任した星野仙一監督の影響だ。12年5月、抑えのダレル・ラズナーが負傷離脱。青山は遠征先の球場で監督室に呼び出された。

「お前、抑えやってみないか」

監督直々のご指名だ。しかし青山は状況がよく分からずに言う。

「自分でいいのでしょうか」

拍子抜けした闘将は語気を強めた。

「おい！ お前、稼ぎたくないんかい？ 抑えなら今よりずっと稼げるんだぞ」

結局、言われるがままに受諾した青山。「グラウンドには銭が落ちている」。球界の格言が青山の頭をよぎる。日を置かず、最終回のマウンドに立った。無事役目を果たすと、勝利の瞬間をマウンドで迎える特権にしびれた。「大歓声の中心にいるって気持ちいい」。プロの本能が目覚めた。

シーズン途中の転向ながら、球団新の22セーブを記録。初めてオールスター戦にも出た。年俸（金額は推定）も急上昇し、翌13年オフには1億円プレーヤーになった。「『稼ぎたくないんかい』を胸に刻み、自分は変われた」。星野監督譲りの闘魂が弱肉強食の世界を生き抜く原動力になった。

「周り全員ライバルとしか思っていなかった」。青山は駆け出しの頃、自分のことでいっぱいだった。そこから成長させた同僚がいる。抑えの座を奪われたはずのラズナーだ。

青山が毎試合のように打ち込まれて自信を失いかけた時、ラズナーは日本語で語り掛けた。「ダイジョウブ」。紳士で、練習熱心で、体調管理を怠らず、愚痴も言わないストイックな元大リーガーに教わった。競争社会であっても、それぞれが同じチームを支え、自分も生かされている、と。

13年途中に再度役割が入れ替わった時、ラズナーは逆に弱音を吐いた。「九回に投げたくない」。今度は青山が「ダイジョウブ」と背中を押した。

球団初のリーグ優勝までマジック3で迎えた13年、9月24日の西武戦（西武ドーム）。青山は最終回に打たれて敗れ、抑えの仕事を果たせなかった。2日後の同じマウンド、代役で優勝投手になったのは田中だった。東日本大震災から2年、星野監督が宙に舞う歴史的歓喜の瞬間を迎えた。

クリムゾンレッド一色の光景に一人、白い本拠地用のユニホームの選手がいた。「ＲＡＳＮＥＲ17」。右肘手術で帰国していたラズナーのユニホームを着て、青山がはしゃいでいた。優勝投手になれなかった悔しさなどみじんも感じさせなかった。

「気持ちだけでも一緒に祝いたい。ラズナーがいたから自分はここにいられるんだ」

苦しみも、喜びも分かち合って成長してきた青山の心意気だった。

ここでもう一つのテーマでもある野村さんの語録を紹介する。

「人間的成長なくして技術的進歩なし」

有り体《てい》に言うと、人として大きくならなければ選手としても伸びない、という内容だ。

青山は、自分が周囲に生かされていると知って人間的に成長し、息長く活躍できる鉄腕になった。

ベテランになるほど「どんな場面でも投げる」と言って、力を尽くした。セーブやホールドの記録が付かなくても、火中の栗を拾うような敗戦処理さえもこなした。マウンドに立たない日も、かつて自分が受けたように縁の下の力持ちとして周囲をもり立てた。

その結果の実働15年、通算625試合登板。年平均41試合。そう、くしくも背番号と同じだ。東北楽天の生え抜きの最長、最多記録は勲章であり、新興チームのために身を粉にした汗と涙の結晶だろう。

「抜けるもんなら、抜いて見ろ！」。20年12月ファン感謝祭での引退セレモニー、青山は登板数を後輩たちの前で問い掛けた。そこには、言葉にこそしない青山のプライドが漂《ただよ》った。「俺以上にチームに身をささげられるのか？」と。

天才じゃないなら狙いを絞れ

野村監督は頭を使っていると思えない打者ほど意識の変化を求めた。「天才じゃないなら狙いを絞れ」と。出発点の考え方は中国の古典「孫子の兵法」。有名な「敵を知り、己を知れば百戦危うからず」。試合で真っ向からの攻防を繰り広げる前に情報を集める。そして相手バッテリーを心理学、行動学的に観察、洞察して確率の低い選択肢は一つずつ捨てていくのだ。

東北楽天ベンチ、野村監督が試合展開の予測をつぶやく。野球の神様の啓示を受けているかのようにずばずば当たる。07年5月の日本ハム戦。一回1死一、三塁の攻撃。野村監督は数秒後に訪れるだろう状況を予感した。

「山崎は外角スライダーで三振。捕手が二塁送球するのが見える」

打席の山崎武司はカウント2ボール2ストライクから直球をファウル、続く内角直球も見逃してフルカウントに追い込まれた。次の球で最悪の三振併殺になる可能性を予見した野村監督は、瞬時にあるサインを出す。

やはり外角スライダーを投げてきた。そして山崎のバットが空を切った。予感はピンチをチャンスに変える。

ほぼ同時に一走・高須洋介が二塁へ走った。捕手・高橋信二が二塁送球。今度は三走・渡辺直人が果敢に本塁を陥れた。重盗成功だ。

見事な先制。「企業秘密。でも根拠あるよ」。野村監督はけむに巻いたが、高橋が高い確率で二塁送球する裏付けが確信的にあったようだった。

野村監督は「俺のデータ活用は単なる過去の数字の寄せ集めじゃない。余計な選択肢を捨て、開き直り、狙いを絞るための準備作業」と自信を持っていた。

私が思うに「過去」「現在」の分析から「未来」を切り開くのが野村流だ。

先ほどの捕手の送球先のように、状況ごとに相手の行動履歴を把握しておく。この「過去」の蓄積から作戦プランを立てる。いざ試合に臨めば「現在」の確認だ。相手の細かなしぐさを加味し、作戦の可否を肌感覚で決める。あとは集中力と覚悟を持って決行するだけ。的中すれば成功という「未来」にたどり着く。結果が裏目でも、野村監督は意図が明らかなら、選手に対して厳しくはしなかった。

野村監督はとにかく考える習慣を身に付けさせようと選手を刺激した。代表例が山崎武司だ。山崎は野村楽天1年目の06年、38歳で打率2割4分1厘、19本塁打、67打点とまずまずの成績だった。外国人選手のような強烈な打球はチームの誰にも追随を許さなかった。

「50歳までプレーできると思えるほど体が若い」。野村監督は思った。バッテリーとの駆け引きに習熟すれば、成績を伸ばせる余地も感じた。自分が選手時代、カーブ打ちに苦しんだ末「考える野球」に目覚めて飛躍した時のように（第1章「限界を感じてからが本当の戦い」参照）。

山崎は基本来た球に合わせるだけのスタイルだった。巧打者ではないのに。監督にはそれが目に余っていた。ある時、諭《さと》す。

「なぜ、どんな球にも対応できる器用な天才のような打ち方をするんだ。お前も俺と同じく不器用なんだろう？　ならば不器用に徹しろ。頭を使って、狙いを絞って打てよ」

急に言われても選手側からすれば、どこから着手していいか分からない。野村監督は選択肢の減らし方を教える。それが「長距離打者の特権を生かせ」。

「お前、最初から速球ばかり待っているが、投手がどう思っているか分かるか？　一発が怖いんだよ。速球が失投になるのを嫌がるんだ。お前にいきなりストライクの速球を投げてくる相手なんてそういない。まず変化球やボール球で探ったり、誘ったりだろう」

長打力があるだけで、そもそも有利に立っている。山崎が見過ごしていた「特権」を監督は言い当てた。

もともと大柄な体に繊細な感性を備えていた山崎。一気に「不器用流」に開眼する。07年5月2日ソフトバンク戦、先発は左腕・和田毅《つよし》だった。過去35打数2安打の打率5分7厘と「バットに当たる気さえしない」相手。にもかかわらず、2打席連発と大当たりする。

「優位に立ってくる投手への対処法」。これを野村監督から教わった。和田は実際、山崎を見下して投げていた。早い段階から簡単にストライクを狙っていた。

ここに監督は突破口を示す。「最初のストライクを狙ったらどうだ。外角スライダーで来る確率が高い」。

二回無死一塁。「前の打者には真っすぐが多いな」。こう思った山崎は、打席で狙いを修正する。外角直球を仕留めた結果は左翼席へ見事な先制2ラン。

続く四回1死。今度は監督の言う通りになった。1球目を見送ってボール。直後、外角に最初のストライクを狙うスライダーが来た。山崎は見事にとらえて追撃のソロに。今まで打たれたことのない形に、和田は首をかしげた。試合は山崎の3打点が物を言って、4－2で勝利。

「どうせなら、監督の言う通りにやってみるか」。軽い気持ちで臨んだのが、奏功した。「力んだって打てないんだから、脱力打法で軽く打っちゃえ」。5割程度の力感で振ると、どんぴしゃりでボールを仕留めた。

野村監督は遊び心を持って努力する「不真面目な優等生」を高く評価する（第5章参照）。この時の山崎がまさにそれ。

そして1試合だけの一発屋で終わらなかった。この年、43本塁打、108打点でパ・リーグ二冠王となり、球団初の最下位脱出を牽引した。本塁打王は自身として中日時代の1996年以来。両リーグでの獲得は歴代3人目。さらに39歳シーズンでの二冠王達成は88年の40歳門田博光（南海）に続く高年齢記録で、「おじさんの星」と世間を沸かせた。

ほとんどのファンがお忘れだろうが、翌年の初対戦でも和田から2連発している。「僕や妹、犬の誕生日にまでホームランをプレゼントしてくれる」と長男に信頼されていた山崎。ある記念日の6月29日、見事に本領発揮する。

1年越しの駆け引きがあった。打たれた球をもう一度投げてこないだろうと思うのが打者心理。だからこそ投手は裏をかいて、同じ球を投げようとする。

第1打席は二回に訪れた。山崎は「去年打った外角スライダー」に狙いを定めた。結果、読みは正解ではなかった。和田は危険を察知したか、フォークで来た。しかしスライダーと似たような球速で、制球も甘かった。山崎のタイミングはぴたり。打球は左翼席へ。

四回の第2打席。山崎は確信した。「もう相手はスライダー、フォークが使えない。真っすぐ一本だ」。来たのは投手が困った時に頼る外角低めの速球。狙わないと打てない難しい球を、山崎は強打。右翼席へ運んでみせた。

「こうなったら3連発を狙ってみろ」。「不器用流」家元の野村監督は山崎の腕前を試した。

五回の第3打席、山崎は別の右腕が投げた内角速球を左翼フェンス直撃の二塁打にした。師匠の評価は？「打ち損じた。本塁打にできる球を我慢して待たないとなあ」。野村監督は狙った球種でも、コースまで狙い通りに来たと冷静に判断して打つ「二段構え」をよしとする。欲が先んじて力めば、絶好球で凡打に終わる可能性もあるからだ。

とはいえ試合は山崎の打棒があって15－2の大勝。野村監督はご満悦だった。「最高のプレゼントをもらった。言うことありません」。73歳の誕生日だった。

俺だってそうなんだ

2022年2月11日、野村克也さんの三回忌を迎えた。私は改めて考えてみた。野村野球とは何だろう？「そりゃ、考える野球、準備野球でしょ」「知将のイメージでいて、実は情で人を生かす野球」。21年12月開催の「しのぶ会」で教え子たちが言った。どれも正解。でも満点ではない。「ID野球」との声も。1990年代、ヤクルト監督時代の旗印だ。データを重視する「Ｉｍｐｏｒｔ Ｄａｔａ」の頭文字を取った。しかし本人は「俺の野球はデータだけじゃない」。阪神監督に就任する際「TOP野球」を掲げる。「Total（総合力）」「Object lesson（実地訓練）」「Process（過程）」を合わせた。過程を重視し、実際の試合で総合力を高める意味を込めた。この名称、あまり定着しなかったが。

その後、東北楽天へ。監督に就任すると、指導の最重要項目として告げた。「とにかく人を育てていこう」。掲げたスローガンは人生哲学的な「無形の力を養おう」。簡単に言うと、人として、社会人としての自覚を出発点にして、人間力を高めることだ。勝敗を左右する観察力、洞察力、判断力なども総合的に含まれる。技術など形有るものでなく、見えない力だ。

野村監督の参謀として「ID」「TOP」を発案し、東北楽天では2軍監督として支えた松井優《まさ》典《のり》さんは文頭の問いにはっきりと答えた。

「野村野球とは人間形成だ」

さらに続けた。「野村さんが年輪を重ね、柔和になった東北楽天時代こそが野村野球の最終形」。70歳を過ぎ、優しいおじいちゃんの雰囲気が出てきた野村監督が、東北で共に歩んだまな弟子と言えば……。

「ジャイアン」。こう呼ばれた選手がいた。風貌が『ドラえもん』の登場キャラクターに似ている。実際、ガキ大将的に思われることが多かった。

99年、中日がリーグ制覇秒読みで迎えた阪神戦。彼は九回に逆転サヨナラ3ランを放つと、両手を突き上げて喜んだ。3年前の本塁打王だが、出たり出なかったりが続いていた。ベースを回る時、星野仙一監督らがいるベンチを見てほえた。

「俺を使えば打てるんじゃあー」

意地を見せつけ、荒っぽい口ぶり。優勝に近づく歓喜の中でなければ、ちょっと語弊がある言葉だった。

「ジャイアン」は2年後、フリーエージェント移籍が決まりかけた。そこで新監督に引き留められた。意気に感じて翻意し残留。それなのにシーズンが始まると、新監督とぶつかり、試合から遠ざかった。オフにトレード志願した。移ったオリックスでも2年目に指揮官と衝突。また居場所を失った。

毎回、浪花節的な彼なりの主張はあった。だが折り合いが付かなかった。直情径行型のため、監督室に怒鳴り込んで直談判もした。それは災いした。

２００４年秋、オリックス退団。選手として燃え尽きたわけではなかった。でも完全にやる気を失っていた。「人間関係に挫折した。事実上、引退していた」。

時は球界再編騒動の真っただ中。「一緒に東北を盛り上げよう」。田尾安志新監督が東北楽天へと導いてくれた。翌05年、二人三脚の新打撃フォーム改造で再出発した。しかし恩人は97敗の成績不振のため1年で退団する。

後任に野村監督。「厳しい野村さんと俺が絶対合うわけがない。もう今年で終わりだ」。彼は不安になった。いざ新体制。やはり野村監督は日常的行動についてこまごま注意してきた。そんな春季キャンプのある時、いつも厳格な監督がまた彼を呼び止めて言った。

「おい山崎、お前、他人に誤解されやすいだろう?」

なぜか優しい。少し間を置いてぽつり。

「俺だってそうなんだ」

「ジャイアン」こと山崎武司は、言葉の根底にある愛情を感じた。後に「野村再生工場の最高傑作は俺」とまで言う男が、恩師と心通った瞬間だ。

野村監督は就任後しばらく、事前情報と実際の姿を比べ、山崎を人物鑑定していた。振り返れば、山崎があのサヨナラ3ランを打った時も、敵将だった。

山崎は豪放磊落《らいらく》な言動ばかりが先行しがちだが、内面は繊細で、真っすぐで、情に厚い。野村監督はそれを見抜いたからこそ、じかに心を寄せた。ただ厳格であり続けた従来の野村監督ではまずあり得ないことだった。

監督の言う通り2人はある意味同類。私の知る限り、ともに不器用で、少年のような純粋さがあり、決して世渡り上手ではない。

つらい時期を糧《かて》に、野村監督も人間味を増していた。心を通わせたいと思ったのだろう、山崎には別の機会にこうも言った。

「お前、首を切られて悔しかったか?　悔しかったら見返してやれよ。心が変われば人生が変わるぞ」

師弟関係は深まっていく。2年目、山崎は野村監督から吸収した配球の読みで打撃開眼する。07年、39歳シーズンでともに自己最多の43本塁打、108打点で二冠王となった。「おじさんの星」とも呼ばれた（本章「天才じゃないなら狙いを絞れ」参照）。43歳までの東北楽天7年間で191本塁打を量産した。これは生涯403本塁打（歴代20位）の約半分だ。

『ドラえもん』の「ジャイアン」は映画版だとひと味違う。おとこ気にあふれ、みんなのために戦う。選手として再びのピークを迎えた山崎も、いつしかそんな風に。

身をもって示したのが、球団3年目で初の年間最下位脱出を懸けた07年9月12日のオリックス戦。今も語り草となっている創設期の名場面だ。

エース・岩隈久志が中盤に大量失点でKOされる負け展開。そこから何とか巻き返し、同点で迎えた九回だ。1死一、三塁、前打者のリック・ショートが敬遠となり、山崎は満塁で打席へ。相手は5打数無安打3三振と苦手の右腕、大久保勝信だった。

山崎は1ボールから落ちる変化球を打つ。二塁ベース脇へのゴロ。中前への決勝打だ、と沸きかけた瞬間、併殺狙いの守備位置でいた遊撃手が好捕する。瞬く間に二塁送球、アウト。そしてボールは一塁へ。

「ここまで併殺打27本の山崎の走力では厳しいか……」。ファンの誰もが半ば諦めた。そこで一塁を見ると、山崎が全力疾走している。打撃時に体重を乗せられないほどだった右足付け根のけがに耐えながら。

見事セーフ。一塁到達後は前のめりに倒れ込んで、サヨナラ勝ちをつかんだ。「今まで1500試合以上出てきて、足で貢献したのは初めて。でも最下位になるかどうかの瀬戸際で、痛いとか走れないとか言っている場合じゃなかった」。

不格好に突っ伏したままの山崎を同僚や後輩たちが囲み、手を差し伸べ、担ぎ上げた。若手に厳しい嫌われ役に徹してきた山崎にとって、ある思いが結実した最上の瞬間だった。

「若い選手が増えてきた中、新しいチームにない歴史、伝統を残したい。『昔は山崎っていう個性的な人がいた』と言ってもらえる存在になりたい。泥臭いかもしれないし、強要もしないけれど、義理と人情のつながりがあるチームを築きたい」

この年、最下位脱出した中、気が付けば山崎は人として、選手として視野が広がっていた。「チームリーダー」「精神的支柱」と扱われるようになっていた。

「ジャイアン」の成長物語は、人間関係でつまずいても別のどこかに生きる道はある、と希望を伝えてくれる。いつ人生の転機となるような出会いがあるかもしれないのだから。

くそったれ

09年秋、夏場からの快進撃で2位となり、東北楽天は地元でのCSの日を迎えていた。第1戦開始直前のミーティング、野村監督は大一番を前に全員の前でチームを鼓舞する、はずだったが。

「私事ですが、球団から解雇を告げられました。できることなら、みんなと一緒にもっと野球をやりたかった……」

声は震えていた。嗚咽が止まらない。こらえきれず、監督は途中で部屋を出ていった。

威厳ある監督はどこへ行ってしまったのか。初めて見る弱々しい素顔だ。選手たちはそれぞれ衝撃を受ける。「監督、かわいそうだな」「2位にまでしてクビってありえない」「でも、今泣いちゃいかんだろう」。

06年からの3年契約が終わり、1年延長した4年目が最終段階。当初戦力不足で97敗もした弱小チームは、土台作りが実を結んでいた。頂点へ挑むCSにも出る。十分に大仕事を成し遂げたはずだった。球界の通例ならあっておかしくない契約延長の話が出てこない。だから秋になると、報道陣にぼやいた。監督なりのラブコールだった。

「来年のこと、早く言ってほしいんだよな。普通ならそろそろなんだけど」

球団は監督の求めに従ってレギュラーシーズン最終戦の日に前倒しで通達する。既定の方針を。

「契約満了です」と。

「なんでよりによってCSを控えた今、言うんだよ。タイミングが悪すぎる」。催促したとはいえ、監督は心を引き裂かれた。

「聞いたら、日本一になっても続投はないんだってさ」

「死刑宣告された人の気持ちが分かるわ」

「空は青空、心は丹後の曇り空や」

嘆きに嘆いた。

昭和のスポ根ドラマ『スクール☆ウォーズ』の名場面「悔しくないのか！」「悔しいです！」のように、野村さんは発奮するための言葉を持っていた。この時、発した言葉がこれ。

「くそったれ」

劣等感を原動力に変えて生きてきた。悔しいと思った時、心の中で叫んだ。

戦後貧しかった少年時代、野球チームの一員なのにユニホームを持っておらず、ランニングシャツと短パンで集合写真に収まった時。南海に入ったのに1年で解雇通告を受けた時。戦後初の三冠王に輝いても監督に「ちゃんちゃらおかしいわ」とあざけられた時。本塁打を量産し続けても王貞治の陰に隠れた時——。数え切れないほど「くそったれ」と念じてきたのだろう。

1995年開幕前。ヤクルトの球団首脳は会合の席で言った。「今年で野村監督は最終年ですから」。過去5年間で2度のリーグ制覇、93年には日本一も達成した。94年こそチームの要、古田敦也の負傷離脱が響いて4位に終わった。とはいえ、だ。監督は冷や水を浴びせられた思いになる。あるチームスローガンを掲げようとする。

「くそったれ野球」

当然、疑問視する声があった。結局、似て非なる「我武者羅《がむしゃら》野球」になった。

中軸の広沢克己、ジャック・ハウエルを前年日本一の巨人に奪われた。それでも、ふたを開けてみるとヤクルトが独走。最後は2年ぶりの日本一奪回。監督契約延長を勝ち得た。

「氣《き》」

2009年、東北楽天のチームスローガンだ。

過去は「無形の力」や「考えて野球せぃ」。高度な野球を目指す旗印。そこから大きく逆行するような「氣」だ。その理由は?

「むしろ俺のキャッチフレーズ。原点回帰だよ」と監督は強調した。本心は「くそったれ」と名付けたかったのかもしれない。豪語する姿に内なる闘志をのぞかせた。「この1年で辞めろというのは球界の常識ではない形。優勝して、ヤクルトの時みたいに未来を切り開くんだ」。

CS前の「契約満了」宣告以降、球団への反発心に燃えた。やけくそな言動がどんどん目立っていく。

「楽天イーグルスは好きだけど、楽天球団は大嫌い」。50年近く前、自身が吐いた名ぜりふを意図

ソフトバンクとのCS第1ステージ第2戦で、勝利を決定づける一発を放った山崎と抱き合う野村監督。（09年10月17日、クリネックススタジアム宮城　写真提供：河北新報社）

的に引っ張り出す。南海で日本一に輝いた1964年、本塁打、打点の二冠王で貢献しても大幅減の年俸提示を受けた時に言った。「南海ホークスは好きだけど、株式会社南海ホークスは嫌い」。

後任候補としてちょうど広島監督を退任するマーティ・ブラウン氏の名前が報じられると、今度は示威行動に出る。審判への抗議でブラウンが行ったのと同様に、練習後の球場でベースをぶん投げた。「ブラウン、吹っ飛べー」。大勢のカメラマンの前で、人事が白紙に戻ってほしいと念じながら。

そして、あの涙。

私も目撃者からすぐ一報を受けた。試合前の雰囲気が心配になり、ベンチ裏へ様子を見に行った。ちょうど山崎武司とばったたり。こちらを見るなり、問わず語りを始めた。

「そうだよ、絶対に選手の前で弱い姿なんて見せない監督がさ……」。神妙な表情だ。彼は語り続けた。自分に言い聞かせるように。

「今までどれだけ監督に我慢して使ってもらって、お世話になったと思ってるんだよ。あんな顔見せられてさ、監督と1試合でも長く戦うんだ、絶対に監督を胴上げするんだって気持ちにならないわけないだろう」

虚脱感のあった顔に背水の陣の気迫が宿る。「ここまで来たら、やるしかないだろう。やってやろうじゃないの。そう思うだろう、お前も」。

数時間後、山崎らの4本塁打で11得点したCS第1ステージ初戦に大勝。試合後、監督は涙の理由を聞かれるとさばさばと言った。「悔し涙だよ。次の人が素晴らしい監督なら潔《いさぎよ》くもなるけどさ」。締めのせりふのように続ける。「もう意地だ。クライマックスシリーズは俺にとってはくそったれシリーズ」。

その思いが通じたのは、まな弟子の山崎だけではなかった。「てっぺん目指すの本気ですから」。エース・岩隈久志が日本一達成をファンに約束するほど、チームの熱量は高まっていく。選手たちも一人また一人と奮い立つ。結束した野村楽天は怒濤《どとう》の勢いに乗る。

次戦、野村監督はそれまで見せなかったような恍惚《こうこつ》の表情を浮かべることになる。それはまた別の話で（第2章「感謝、感謝、感謝」参照）。

敵は我にあり

投手と捕手のコンビをなぜ「バッテリー」と呼ぶのだろうか？　「投手は『打てるものなら打ってみろ』のプラス思考、捕手は冷静な危機管理のマイナス思考。だからバッテリーなんだ」。野村監督の持論だ。

真逆だからこそ補い合える。あうんの呼吸でのピンチ脱出と言えば、東北楽天が初のリーグ制覇に王手を掛けた２０１３年9月26日の西武戦もそうだ。九回、一打サヨナラ負けのピンチ。救援した田中将大と嶋基宏のバッテリーが強気の直球攻めで栗山巧、浅村栄斗（現東北楽天）を牛耳った（第1章「困ったら原点に帰れ」参照）。バッテリーが歓喜の瞬間へと運命を切り開いていくのは、今でもしびれるシーンだ。

しかし、時としてたった1球で天国から地獄に落とされることも。投手が魔が差したようになった時だ。

東北楽天の前身と言える近鉄の話。１９８８年、その日付から「10・19」と呼ばれるプロ野球史上最大の悲劇だ。13日間で15試合の超過密日程にある近鉄は、最終戦に至るロッテとのダブルヘッダーに臨んだ。首位で先に全日程を終えた常勝軍団の西武から逆転で王座を奪うには、連勝が絶対条件だった。決戦の舞台は川崎球場。

ルール上延長戦がない1戦目。九回、引退を決めていた代打・梨田昌孝の意地の一打で勝ち越す。その裏を、先発完投負けから中1日で救援したエース左腕・阿波野《あわの》秀幸が締めた。ぎりぎりで最終戦へ望みをつなぐ。

約20分後の午後6時過ぎに始まった2試合目。1点リードの八回から阿波野がまたもストッパーで登板する。幸先良く1死とした直後に、落とし穴があった。

打席は首位打者争いのトップに立つ右の巧打者・高沢秀昭。阿波野は1ボールから2球で2ストライクに追い込む。続く変化球は外角へのボール、内角スライダーで胸元を突くもボール。バッテリー、打者とも追い込まれたフルカウント。捕手・山下和彦は直球のサインを出す。実際相手は1球目、膝元への直球にタイミングが合っていなかった。

しかし連投、連投で来た阿波野は拒む。「疲れで直球に自信がない」。阿波野は独断する。「ここは2つストライクを取ったスクリューだ」。2、3球目、その落ちる変化球を高沢は空振りしていた。

いざ勝負。

低いライナーは左翼席へ一直線。前のスクリューよりもほんの少しだけ高かった。3度目、変化に目が慣れていた相手は見逃さず拾った。

背番号14は両膝に手を突き、マウンドでうなだれた。立っているのがやっと。放心状態になっていた。続投こそしたが「一発を浴びた後のことを覚えていない」。前々日から3試合11回186球も投げた。

近鉄は諦めない。九回2死二塁、新井宏昌の打球は鋭く三塁線へ。「決勝打か」と場内は沸いた。しかしロッテ・水上善雄三塁手が好捕。実況アナウンサーは言った。「ディスイズ、プロ野球」。午後10時、テレビ画面がスタジオ映像に替わった。通常番組に差し替えて中継続行する説明のために。久米宏キャスターは困った顔。「伝えるニュースもいっぱいあるし、助けてください」。死闘を全国が注視していた。

結局、試合は延長十回引き分けで終了。開始4時間を過ぎた時点で新しいイニングに入らない規定だった。昭和最後の秋、近鉄の夢はむなしく散った。テレビの向こう側も重たい空気。

翌年、平成最初の秋も阿波野は粉骨砕身投げていた。近鉄は優勝マジック1でダイエーと戦う。本拠地藤井寺球場の「10・14」。

阿波野は七回途中から救援登板する。最多勝のタイトル争いを独走する19勝目を挙げた先発登板から中1日だ。3点リード、優勝目前の九回。右翼・鈴木貴久、二塁・大石第二朗《だいじろう》（現大二郎）の連続好守で2死になる。あと1死、阿波野は右打者を相手に前年の悔しさを晴らそうと、普段はしない投球をする。

最初から直球攻め。2球でとんとん拍子に追い込む。相手も譲らず、粘る。それでも阿波野はこれでもかと直球を続ける。そして9球目。渾身《こんしん》のストレートが低めにずばっと決まる。見逃し三振。

2年越しの優勝だ。「スクリューを選んだ悔いを1年間引きずっていた。それを吐き出したかった」。そして歓喜に酔いしれた。「2年がかりで優勝にたどり着くストーリーを味わったようなもの」。「悲運のエース」だった自分を乗り越えたのだ。

2004年、近鉄の消滅に伴う球団再編騒動を経て、パ・リーグは地域密着の時代を迎える。北海道に移った日本ハムに続き、16年からは宮城に誕生した東北楽天で監督を歴任して、梨田は言った。「閑古鳥が鳴いていたパ・リーグが『10・19』から全国に注目され始めた。あの日から今に至るパ・リーグ新時代が始まっていたんだ」

あの悲劇は傷跡ではなく、誇りになったのだ。

梨田は近鉄最後の指揮官として、01年リーグ制覇に導いた。優勝決定も北川博敏による代打逆転サヨナラ弾。あの「江夏の21球」も含め球史に残る劇的場面に何かと立ち会ってきた。だからか、梨田監督率いる日本ハムは09年クライマックスシリーズ（CS）第2ステージ初戦でも奇跡的な大逆転勝利を演じる。九回、スレッジによる逆転満塁サヨナラ弾。相手は東北楽天だ。

日付の「10・21」ではなく、九回の球数から「福盛の21球」（本章「失敗と書いて成長と読む」参照）と呼ばれる。この8年後、私は本人と会い、あの21球目の内幕を聞いた。「楽に終われるはずの点差。そこからあの結果になってしまった。自分の野球人生を振り返っても最大の忘れようもない出来事だ」。

名誉挽回の機会なく、翌年限りで引退した彼のために書いておく。確かに、この年の福盛がファンに好感を持たれていない面はあった。野村監督の慰留に応じず、大リーグに挑戦。成功できず、09年途中帰国。野村監督の宿舎で土下座同然の直談判をし、出戻るという経緯もあった。

それでもだ。

CS進出は右腕の存在なしにはあり得なかった。

09年途中に大リーグから復帰。個人成績は7勝1敗4ホールド10セーブ、防御率2・18だった。それ以上に投げた35試合でチームの勝敗は26勝8敗1分。不安定な救援陣を支え、夏場以降の快進撃の一番の牽引役になった。

あの試合もすいすいと来た八回、先発が突如息切れし、相手の猛反撃を火消しするため救援4人を送り出し、ばたついた。完勝の流れが一変した状況で投げる不運が、福盛にあった。

私がどうしても忘れられないのが、福盛に聞いたもう一つの言葉だ。

「あの結末はそうなる運命だった。そう思う時がある」

何かあらがえないような不思議な力に導かれてのバッドエンドだったのか。蛇足だが、福盛と梨田監督は同じ8月4日が誕生日という縁がある。

ここからは「10・21」に立ち会った一人として、私の所感だ。

あの後東北楽天は監督が2度交代し、主力選手もほとんど入れ替わった。そのせいか、4年後にもかかわらず13年に日本一を達成した時、「10・19」から「10・14」に至る近鉄のようなハッピーエンドに思えなかった。実際、「11・3」の日本一は「3・11」の東日本大震災から2年後で、希望の光と世間に認識された。

　この先も「10・21」を克服する時機があるのか分からない。ならば「運命」と思ってしまいたくもなる。そんな風に福盛の言葉を解釈してしまうし、私も何年過ぎても同じ思いでいる。

第4章

成功と失敗

「任務は遂行する。部下も守る。両方やらなくちゃあならないってのが幹部のつらいとこだな。覚悟はいいか？　オレはできてる」。漫画家・荒木飛呂彦さん（仙台市出身）の『ジョジョの奇妙な冒険』。主人公の上司でギャングの幹部・ブチャラティは、決死の覚悟で強敵を道連れに列車から飛び降りる際、たんかを切る。同じく「南海電車に飛び込みます」と覚悟を示し人生を切り開いたノムさん。失敗を恐れず、成功をつかむ心構えとは。

覚悟に勝る決断なし

単独のホームスチールを生で見たことがあるだろうか。

目の前から前田健太が忍者のように消えた。三塁走者に立っていたはずが、瞬く間に本盗成功。2006年春の選抜大会準々決勝、PL学園（大阪）が秋田商を先制した二回2死三塁の場面だ。私はカメラマンで三塁側取材席にいた。何とか撮影できたが、度肝を抜かれた。確かに捕手は右打者がいて三走を見にくい。右下手の投手も打者に集中していた。とはいえだ。

「ひらめいた」。前田のセンスが非凡すぎた。「安打で点を取られるより嫌でしょう」と本業の投手心理を語るしたたかさも。マウンドに立っても好投して4－1で逃げ切り勝ち。前田はその秋ドラフト1位で広島に進み、今は大リーグ・ツインズで活躍する。それも当然と思えるスターの前日譚《たん》だ。

「ホームスチールなら、現役時代に俺は7個もやってるぞ。どうや！」

東北楽天の野村監督は驚異的な本盗数の自慢話になると止まらなかった。「世界の盗塁王」こと阪急の福本豊をも上回るという。

問わず語りが続く。「投手は福本のような選手なら強く警戒する。でも『鈍足の野村が走るわけない』と思う」。これが相手に油断が生じる瞬間。「いくぞ、いくぞと少し大きめにリードして探る。すると『ノムさん、その気もないのに脅かすなよ』という顔をする。そういう相手ほど本気で仕掛けると泡を食うんだ」。あとは走るだけという。

極論、足の速さはさほど関係ないらしい。「俊足と鈍足が同じ塁間を走っても何メートルも差が出ない。昔、陸上短距離の五輪代表が代走要員としてロッテに入った。でもスタートが下手で、盗塁成功率が低かった」。

だから東北楽天でも山崎武司ら俊足ではない選手こそ尻をたたいた。「走れ、走れ。鈍足ほど成功する。俊足にはない特権だ」。もちろん年に何度もない奇策。さすがに本盗挑戦者はいなかったが、意外な選手が野村流「鈍足正機説」に従う。しかも初のクライマックスシリーズ進出を争う09年の勝負の秋、歴史的勝利を呼び込んだ。

それはフェルナンド・セギノール。「状況を打開したかった」と果敢に走った。3位で迎えた9月22日のオリックス戦、1点を追う六回2死走者なし、四球で出塁後、194センチの巨体を揺すって二盗を陥れた。野村監督が言う極意は「投手の動作の癖を見抜く観察力、一番は次の塁を狙う勇気」。これを助っ人は「自分のアイデアさ」と身をもって示した。

ここから一挙8得点で大逆転。野村監督は「流れを変えた価値ある盗塁」「やればできる。鈍足は100％成功する」と助っ人を大絶賛。球団の新たな歴史を切り開くシーズン68勝目を手にし、最終的に2位浮上する勢いを増した。

リスクの大きい決断ほど根拠や胆力がいる。そんな時、野村監督は「迷ったら覚悟を決めろ」と周囲にも自身にも求めた。「覚悟に勝る決断なし」。日本一達成を目前で逃した悔しさから立ち上がった軌跡を象徴する語録だ。


1992年、野村ヤクルトがリーグ初制覇して臨んだ日本シリーズ。過去6年間で5度日本一という常勝軍団・西武に挑み、最終第7戦までもつれた。

同点の七回1死満塁の絶好機、代打・杉浦亨《とおる》の打球は二塁への内野ゴロ。ヤクルトベンチが「勝ち越しか」と思った瞬間、三走・広沢克己はホームの数歩手前にいた。

直後本塁で封殺され、勝ち越せず。最後は惜敗。広沢は内野へのライナー併殺を警戒。ゴロを確認して踏み出すセオリーを守っていた。

「選手が慎重になる場面だからこそ、俺が覚悟を決める必要があった」

こう痛感した野村監督は翌年春季キャンプ、打倒西武の秘策「ギャンブルスタート」を編み出す。バットにボールが当たった瞬間、三走が猛然と本塁突入する新戦術。ライナー併殺の危険性が高まる半面、吉と出れば本塁到達が早まる。覚悟の勝負手だ。野村監督自身が、70年南海に始まる監督生活初の日本一に向け、燃えに燃えた。

そして93年秋、日本シリーズで西武と再戦。雪辱を果たす機会が来た。

第7戦、1点リードの八回、3番・古田敦也が中越え三塁を放ち、1死三塁に持ち込む。次の1点が王者の座を大きく左右する場面、カウント1ストライク3ボールから、古田は意を決して秘策を決行する。広沢が前進守備の遊撃へゴロを打つ間に、難なく本塁に滑り込んだ。

見事、ばくちに勝った。

だが、野村監督にも驚くべき一幕だった。実は「ギャンブル」していなかった。

前日の第6戦で秘策強行が不発に終わった。2点を追う九回1死一、三塁。三走・広沢が猛スタートしたが、打球は外野ライナー。慌てて三塁に戻るのがやっとだった。種明かしをしてしまった上、犠飛の1点も逃した。だから第7戦のこの場面、一回に先制弾を放った4番広沢のバットに期待した。

そこで古田の好走塁だ。王座奪取の執念から誰よりも「覚悟」を見せた。

チームを救ったとはいえ、ベンチ無視の独断だ。厳しい監督はどう思ったか？　失敗なら追及したかもしれない。しかし日本一の胴上げ後、インタビューで相好《そうごう》を崩す。

「間違いなく選手たちは大きく成長している」

理想は、何も言われなくても自分で判断してプレーできる選手たちのチーム。それを古田らの姿に見たからだった。そして万感の思いが胸に込み上げた。ヤクルト黄金時代の幕開けを感じながら。

常識を疑え

野村監督は東北楽天の番記者たちに配球について問い掛けた。投手が2ナッシングに追い込んだ後、3球勝負するかどうか。「1球ボールを外すのを見掛けるだろう。あれ何でか分かるか」。投手経験のある記者が答えた。「ボールを振ってくれればもうけもの。わざわざストライクを投げてリスクを背負う理由がないですし」。

「それはそうだが、根本的な理由がある」。監督は不敵な笑みを浮かべて続ける。「黄金時代の巨人で罰則があったからなんだ。圧倒的有利の2ナッシングから打たれたらいけない、という。だから批判される余地を残さないようにわざとボールを1球投げた。それが球界に広まった」。

言いたかったのは「無駄なボール球はいらない。3球勝負で打ち取れるなら、その方がいい。何でもそうだが『常識は疑え』ということだ」。

打者の場合はどうか。

岩隈久志が21勝してタイトルをほぼ総なめにした2008年。そのエースが先発した夏のロッテ戦の話。8連勝中と絶好調。防御率も2・07。打線が3点取れば勝算が立つ展開だった。

焦点は二回、先頭から内野安打、四球、右前打と畳み掛け、エース級・渡辺俊介から1点先制した後だ。無死二、三塁、打席の藤井彰人《あきひと》（現広島1軍ヘッドコーチ）はいきなり3ボール。四球目前の圧倒的優位に立った。ここで野村監督はあるサインを出すのだが……。

さて読者の皆さんに質問。次の球、あなたならどう対応する？

たぶん、大多数の人は常識的に「待つ」だろう。

何より四球に王手の状況だ。仮にストライクを取られても、まだ有利で四球の可能性がある1ストライク3ボール。張り切って打って凡退すれば「根拠は何だ」とベンチで問い詰められるだろう。だから「待つ」は多数派になる。

しかし野村監督は飛んで火に入る夏の虫は逃がさないタイプ。

「打て」

積極的に欲を出した。セオリーに対して例外的な戦術かもしれない。確固たる理由があった。カウント的にも配球的にも好球必打できる公算が限りなく高かった。「3ボールだ。四球を嫌がる相手が確実にストライクを投げてくる。球種は無難に真っすぐだろう。疑う余地のない『見え見えの直球』を打って、ヒーローになるチャンス」。

座学で教わっているとはいえ、試合で突然のゴーサイン。藤井は戸惑った。そうこうしているうちに直球が真ん中へ。願ってもないチャンスボールを見逃してしまう。最後は犠飛にもならない浅い飛球で凡退。結局この回1点止まり。藤井はうつむいて「誰もが2、3点は入ると思う場面だったが……。積極的な姿勢が足りなかった」。

結局、岩隈を援護できず逆転負け。特に渡辺は05年開幕2戦目、0－26の歴史的大敗をした相手。完全試合に準ずる投球をされた。まだ残る苦手意識を振り払う狙いもあったようだった。当然試合後の野村監督はおかんむり。「野球やるのが嫌になる。言うこと聞かないんだもん。打てと言っているのに見逃して。あの1球で負けだよ」。

野村監督は常に「臨機応変さ」を求めた。試合での直感や判断に基づく確信があれば、事前のプランや定石にこだわらず独断で結果を追い求めることさえ許した。野村ヤクルトはそういう試合巧者が育ち、黄金時代を迎えた（第4章「覚悟に勝る決断なし」参照）。

しかし当時の東北楽天は新興球団。未来予知に近い試合勘がある野村監督の思考スピードに応じて、選手が当意即妙で頭を切り替えられるものではない。「上司の指示に振り回される」と感じる若手会社員のような悩みを、私は当時の選手から何度も聞いた。「どうしたらいいんだろうねえ」と答えるしかなかった。

「固執すべきものは最終成果。状況が変わってその最終成果を手にしようとしたら、何ページにもわたる計画を捨てなければいけないのであれば、ためらいなく捨ててしまいなさい」

これは衣料品店ユニクロを展開するファーストリテイリングの柳井正会長の言葉。社員教育用に経営理念をまとめた文書を書籍化した『経営者になるためのノート』で述べている。日本を代表する経営者までもが、ノムさんと全く同じく「臨機応変さ」が大事だと。

「遠山葛西スペシャル」をご記憶だろうか。阪神時代に野村監督が左打者に左腕の遠山奬志《しょうじ》、右打者に右腕の葛西稔《みのる》（宮城・東北高－法大出）を交互に投げさせた時の呼び名だ。特に遠山は松井秀喜を徹底的に封じ、「左対左」の強みを注目させた。

その「型」を自ら破り、選手たちも応えたのが、09年10月3日。東北楽天が初のクライマックスシリーズ進出を決めた日だ。

相手西武の先発は過去16戦で0勝9敗と大の苦手の左腕・帆足《ほあし》和幸。従来は右打者中心の打線を組んで結果が出なかった。野村監督は「どうせ打てないなら開き直ってやる」と発想を転換。左打者6人を送り出す。すると一回に3番・鉄平が内角高めの直球を巧打で先制3ランに。これで打線は勢いづいて五回途中8得点で帆足をKO。最後は14得点で大勝した。

試合後の会見、野村監督は「作戦ずばり。帆足に限っては左の方が打ちやすいかもしれないと思ったんだ」としてやったりの表情。「バンザーイ、バンザーイ、はい、皆さんもバンザーイ」。歴史的勝利を珍しくもろ手を挙げて喜んだ。

変化を恐れるな

「名人が2人も来ている。こんな千載一遇の機会はないぞ。試しにこつを教わってみたらどうだ」

東北楽天ベンチ、野村監督は通り掛かった若手投手を呼び止める。「今すぐ覚えろ」的な命令口調では決してない。目の前には西本聖（元巨人など）、川崎憲次郎（元ヤクルトなど）の野球解説者2氏。１９８０、90年代を代表する変化球シュートの使い手。どちらも度胸満点で右の強打者の内角をえぐり、最多勝に輝いた右腕だ。

野村監督も含めシュート教祖のような3人。準備していたかのように、あうんの呼吸でセールストークを進める。

まず西本氏が先入観を取り除くべく言う。「肘への負担が大きいとか言われるが、そんなことないよ」。川崎氏も続いて「握りも難しくない。ボール半分か1個分も変化すれば、面白いように打ち取れるよ」。

そして野村監督が効能を説く。「いつの時代も打者の苦手は内角だ。シュートはもってこいの球。配球は相対関係だからおのずと基本の外角低め真っすぐがより効果的になり、投球の幅が広がる。川崎はそれで最多勝を取った……」。

再び川崎氏が「今思えば、もっと早く覚えていればよかったですよ」。最後に監督が「変化を恐れちゃいけないんだよ」と諭した。

川崎氏は高卒2年目の90年12勝して、野村ヤクルトのエースとなった。91年も14勝。93年は10勝して、さらに日本シリーズで2勝してMVPに輝き、野村政権初の日本一に導いた。

野村監督はことあるごとに勧めていた。「シュートを覚えたらどうだ。理由は俺が現役時代に一番打ちにくい球だったからだ」。川崎氏は快速球投手ながら、時折一発を浴びるのが玉にきず。だから速球と見間違うシュートがあれば、打者が「来た！」と振った球がわずかに差し込み、凡打にできる算段だった。

しかし川崎氏にはしばらく伝わらなかった。パワーピッチングで活躍できていた。後年、転機が来る。右腕を手術してから再起を期す中で監督の言葉を思い出し、シュートを習得する。すると98年に大活躍。最終戦で17勝目を挙げて単独最多勝を決め、野村監督退任の花道を飾った。

野村楽天では一つの失投が即命取りになる救援左腕ほど使い手が出た。有銘《ありめ》兼久、渡辺恒樹《こうき》、片山博視《ひろし》ら。横手投げから松井秀喜ら左打者の胸元をシュートで突いた野村阪神時代の遠山奨志が手本になった。

野村監督は逆に脅迫じみたやり方に出たことも。

「一場は（トレード）市場に出してしまえ」

野村監督が厳しい言葉をあえて何度も浴びせた存在が一場靖弘（第1章「固定観念は悪、先入観は罪」参照）。弱気の虫が見え隠れするマウンドの姿に変化を求めた。ヤクルト時代、似た扱いをしたのが、山本樹《たつき》投手。

左腕は93年の大卒入団後、3年間1軍定着できずにいた。野村監督は、山本をいいボールは投げるのに試合で精彩を欠く典型的な「ブルペンエース」とみた。96年、先発試合の前に野村監督は突き放して言った。

「どうしようもない結果に終わったら、お前、今年でクビにするからな」

尻に火が付いた山本はとにかく必死に投げ、プロ初勝利を初完投、初完封で飾った。その東北楽天版が一場のはずだった。しかし世代の違いか、言い方がきつすぎたか、効果は出なかった。結果「市場に」は現実となり、2009年開幕前にヤクルトへトレードに。

野村監督自身が若かりし日に発想から「変わる」経験をした。

南海での現役時代、カーブ打ちに苦しんだ時だ（第1章「限界を感じてからが本当の戦い」参照）。球種ごとに違う投手の癖を探そうと、16ミリフィルムのカメラを導入。投手を撮影し、擦り切れるほど見て「神様、仏様、稲尾様」と恐れられた稲尾和久投手（当時西鉄）らを攻略した。

後に「ID野球」として球界を席巻するデータ野球もこの時萌芽した。「日本初のスコアラー」と言われた南海球団の尾張久次《おわりひさつぐ》氏の協力で配球データを収集し、状況別の傾向を分析した。「変わる」ための勇気は、愚直に素振りを続けてもカーブは打てないという気づき、自分は不器用な打者だという自覚によってもたらされた。

だから指導者になっても、「気づかせ屋」に徹した。「感じる力」によって主体的に努力することでしか突破口を開くことはできないと知っていたからだ。

半面、何を言ってものれんに腕押しの相手には「鈍感は人間最大の悪」と断じ、冷淡だった。「本当に苦労しないと、人は変わろうとしない。中にはクビになって、再雇用されたらまたぬるま湯という人間もいる」とも厳しかった。

とすれば、私の推論だが、変わるべき状況で一歩踏み出さない人は「根っからの鈍感」「必死さが足りない」「頑固」などということになるのか？　ここで妙に合点しないでくださいよ、中間管理職の皆さん。

一流の脇役になれ

09年5月末まで脅威の打率4割で大ブレークした選手がいた。入団4年目の草野大輔。球団新記録の21試合連続安打を放つなど、年間通して活躍し3割5厘の成績を残した。その巧打を野村監督も「天才」と評した。当時、草野に飛躍の道のりを聞くと不意に過去の苦闘を明かした。

「今までベンチとの戦いだった。この状況で何をすればいいのか、打席から野村監督の顔ばかりうかがった。頭がパンクしていた。最近やっとそこを脱して投手と対戦できるようになった」

確かに試合で臨機応変な所作ができなければ監督に「根拠は何だ」と追及され、立場を失う恐怖があった。試合後の記者会見でぼやかれ、新聞を通じて間接的に批判を受ける日常だった。

草野は社会人球界で「最強打者」と言われたスラッガー。だが身長170センチと小柄。野村監督に転身を求められた。「バットを短く持て。頭を使って配球を読め。それが生き残る道だ」と。

草野は懸命に脇役の仕事を覚えようとしていた。

突破口はチーム随一のミート技術だった。「追い込まれてヤマも張らずに来た球に対応できる。

それは草野だけだ」。安打量産で首脳陣の信頼を勝ち得て、不可欠な存在となった。

全国のエースや4番が集まるプロ野球。お山の大将として過ごしてきた選手に野村監督は常々説いた。「全員が主役にはなれない。それぞれの役割があってチームになる。己の分を知って分に生きよう」。そして「一流の脇役になれ」と。野村ヤクルトの教え子、土橋勝征《どばしかつゆき》、宮本慎也らを成功例に示した。

野村監督は主力ほど叱責した。伸び悩む選手は「自分はこれくらいの選手でいい。そんな『妥協』『満足』『限定』をするな。成長を妨げる」と断じた。辛口のぼやきで意義を呈したのが07年オールスター戦。

ファン投票で東北楽天選手8人が大量選出された。本拠地フルスタ宮城を舞台に15年ぶりに東北開催される球宴は、事前から盛り上がった。しかし監督はあえて水を差した。「球宴とは一流同士の戦いの場。これでは意味がなくなる。やめてほしいわ」。

本塁打、打点でリーグ1位の山崎武司、高卒新人で大活躍の田中将大は堂々の選出。ただほかの多くは「組織票か」と疑われた。監督は自軍選出選手を慢心させない意味も込め、批判した。

「オール・スターダスト（星くず）だよ」

これにプレーで抗議する選手が現れる。球宴8人衆の一人、高須洋介だ。

球宴出場決定後の7月5日ソフトバンク戦で延長十回、意地の決勝打を放った。1死満塁から速球派の守護神・馬原《まはら》孝浩からきれいに中前へ運ぶサヨナラ打。しかもシュートで内角を突かれても屈せず、「狙い通り」と外角低めの変化球を仕留めた。野村監督も顔負けの読みの一打。さすがに「必殺仕事人やな。勝負強いわ」と認めた。

平安貴族のような涼しげな風貌。それでいて「内面は燃えている」という仕事人に試合後、失礼ながら聞いた。「『オール・スターダスト』をどう思いますか？」。質問を想定していたかのように、切れ長の眼を鋭く光らせて一言。

「少しだけ光りますよ。星くずですが」

前年に打率３割を記録した不動の二塁手で選手会長。思うところがあった。

高須には草野のような「ベンチと戦う」意識はなかった。既に一定以上信頼されているとはいえ、雑念のない雰囲気はどこから来るのか。この際聞いた。

「意図を持って打席に入る。後は『凡退したらごめんなさい』『使った方が悪い』と思えばいい」

失敗への恐れから逃れる発想力。いわゆる「割り切り」。それが06、07年にパ・リーグ1位の得点圏打率を誇ったゆえんだった。


野村監督の厳しさを糧にした選手がもう1人。渡辺直人だ。1、2番を高須と組み、敵チームに嫌がられる攻守のキーマンだった。

09年クライマックスシリーズ（CS）を控えた練習、渡辺直が飛球を打った。以前に社会人シダックス監督だった野村監督にある記憶がよぎる。全国一を争ったライバル三菱ふそう川崎に特有の打ち上げる打法。渡辺直も当時の選手だった。

「いいかげんに三菱打法はやめろ。お前の仕事は長打ではない」。監督が突然、雷を落とした。翌年以降の監督契約延長が見えず、トッド・リンデンとももめた時期（第5章「ひらいてせまる」参照）。「監督、これは八つ当たりでは？」。傍観した記者たちは内心思った。

「打ち方は日々直そうとしている。疲れて癖が出る時もあるのに……」。優等生の渡辺直も珍しく平常心を失いかけた。翌日極端にたたきつけるような打法で練習。すると首脳陣に「反抗的態度か？」とみなされ、不穏な空気が漂った。

ここで渡辺直は冷静になった。「これでは入団後3年間積み上げた信頼感まで失う。監督に成長の余地を言われたと受け止め、頑張ろう」。持ち前のひた向きさを取り戻し、関係悪化を未然に回避した。そして日本ハムとのCS第2ステージ。敗退の土俵際の第3戦、同点打を放って希望をつなぐ勝利に貢献する。

野村監督は南海で1962年戦後初の三冠王になった。それでも鶴岡一人監督に何かとけなされた。そこで「見返してやる」と悔しさを原動力にした。だからこそ監督として教え子の反骨心をあおり、あえて神経を逆なでもした。

ノムさんは何年たっても鶴岡監督への恨み節を隠さなかったが、野村門下生はどうだったか。それはまた別の話で（第3章「人を遺すを上とす」参照）。

第5章　野村の流儀

若手のことなど基本無視で、中心人物ほど働きが悪けりゃこきおろす。真面目な人を「遊べ」と誘う。納得がいかなければ公然と所属する組織や上司の批判する。人前に出るのに気にせず、ニンニクを食べる。「あいさつは基本」と言っておいて自分からはあまりしないし、嫌いな相手からされると無視もする。人を血液型で判断しようとする。個人の権利を奪う非情さもある。なんだか困った管理職に思えるが、それら全てが野村の流儀。

無視、称賛、非難

人は常に他人の視線にさらされ、評価の中で生きている。自分が置かれた場所で期待に応えることで、活躍の場は広がっていく。

試合中の東北楽天ベンチ、勝負所で痛打を浴びた後、野村監督が捕手の嶋基宏らを叱る場面をご記憶の方も多いだろう。「無視、称賛、非難」。野村さんは基本的にこの3つで選手に接した。成長するために何をするべきか、と選手が我が身を見つめ直すための気付きを与えようとした。

「無視〜」は落語の「前座」「二つ目」「真打ち」のような階級分けでもあった。一番下が「無視」。「まず名前を覚えてもらえるようになれ。特長を磨け」と求め、1軍当落線上の選手は視界に入れなかった。

2009年春、試合前のベンチで女性アナウンサーが野村監督に自己紹介した。「選手と同じ名字です」。当時、高卒4年目で売り出し中の枡田《ますだ》慎太郎の名前を出してきた。だが野村さんは「うちのマスダ？　いたっけ？」と単純に名前を覚えていなかった。勝負強い打撃で13年の日本一達成に貢献する枡田が飛躍の時を迎えるのは、星野仙一監督になってからだった。

1軍に定着し始めた選手は「称賛」で対した。持ち味を出し、チームの力となってもらうために極力ほめた。おだて下手の野村監督なりに冷やかしたあだ名でマスコミに売り出した。外野守備が特長の牧田明久は「専守防衛の自衛隊」。ヤクルト監督時代に内野の名手・宮本慎也に使った呼称で、期待の大きさを表現した。09年に驚異の打率4割を誇った草野大輔は「安物の天才」。

さわやかな顔立ちの投手、青山浩二は「歌舞伎役者」。マウンドで3ボール2ストライクになることがよくあった永井怜は「フルハウス」。同じ数字の札3枚、2枚の組みをそろえるポーカーの手になぞらえた。

当然のように結果が求められる中心選手は「非難」し、いっそうの責任感を求めた。敗戦につながったプレーがあるごとに、根拠を説明させ、徹底的に改善を求めた。嶋のように、野村監督が「グラウンド上の監督」と最重視した扇の要の捕手がこれに当たる。

特に初代エース・岩隈久志には厳しく、あえてストレスのかかる言葉を投げ掛けた。06、07年とけがが続き、途中降板を訴えることもあった岩隈を「ガラスのエース」とこき下ろした。言葉の裏には、最後まで勝敗を背負って戦い続ける姿勢を見せ、周囲の模範になってほしいと願う叱咤があった。

クレバーな岩隈はしっかり意図をくみ取った。非難をばねに08年は1年間離脱せずに投げ続け、21勝して最多勝などタイトルをほぼ総なめにする大活躍を見せた。09年にはワールド・ベースボール・クラシック（WBC）2連覇を日本代表の大黒柱として支えた。

不真面目な優等生

「今日の『科捜研の女』は面白そうだった……。たまにはゆっくり見たいよ。『相棒』もいいな」

本拠地の試合前、まれに野村監督が遅れて顔を出すと、ばつが悪そうにぼやいた。昼すぎに警察ドラマの再放送をつい見始めたらしい。強引に野球に絡めて言い訳した。「四六時中野球でもだめ。『真面目な優等生』は物足りないんだ」。

ぼやきに配慮してか、遠征移動のバス内で『相棒』の知る人ぞ知る名作「殺しのカクテル」が流されたこともあった。

本題に戻る。野村監督の中で「真面目な優等生」は、嶋基宏捕手だった。「学校の成績を聞いたらオール5だぞ。頭が良いからのみ込みも良いはずと思ったんだ」。

ただ野村監督には窮屈さを感じる配球だった。「『困ったら原点（打たれにくい外角低めのストライク）を攻めろ』と指導はしているが、嶋のリードは外角一辺倒。いつも困ってるのかな?」」。野村監督は常々ぼやいた。時に一皮むけてほしいと願ってこう言った。「不真面目になれよ」。

実際に言っているのを聞いた時、私はつい突っ込みたくなった。「夜遊びの勧めですか」。連想したのは北野武監督が若者の挫折を描いた映画『キッズ・リターン』のシーン。台頭著《いちじる》しい新人ボクサーのシンジは試合を控え減量していた。ある日落ちぶれた元新人王ハヤシが居酒屋に誘い、シンジにビールを注いで言う。悪魔のささやきのように。

「堅気ばっかりやってちゃいけないよ。弱いやつが酒をやめたからってどっちにしろ弱いんだから。強いやつはどっちにしろ強いんだよ」。シンジはここから酒浸《びた》りになり、最後にはボクシングをやめる。

実際に野村監督は二日酔いで練習に現れるプロ意識に欠けた選手を見ると、失笑した。「酒浸りはただの『不真面目な劣等生』」。野村監督が求めたのは、実力ある「優等生」が殻を破るために「不真面目さ」を身に付けること。一番の要素は「遊び心」だった。

実際に不真面目にした選手がいる。1979年、西武での現役生活最終盤に捕手としてバッテリーを組み、新人王に導いた投手。「兄《あに》やん」こと松沼博久だ。

松沼には制球力があった。下手投げから浮き上がる速球に、落ちる変化球もある。だが当初、思うほど白星が付かなかった。

ストライクを丁寧に集めすぎる投球が、逆に難点だった。野村は言った。「おい、ストライクを投げるな。このサインの時は」。逆転の発想を促され、松沼は目を点にした。「ボール球のサインなんてあるんですか」。

ロッテ戦で野村は配球の妙を見せる。終盤、1死一、二塁のピンチ、強打者レロン・リーとの勝負はフルカウントにもつれた。

打者は甘い球を仕留めたい。投手は得点打、四球もだが、失投を避けたい。どちらもストライクゾーンへ意識が集中する局面だ。

「よし、ボール球だ」。野村は勝負手を打つ。「必ず振る。二塁転送で三振ゲッツーにできる。ランナーも走るカウントだ」。

松沼はきっちり真ん中高めのボールゾーンへ投げた。つられてリーのバットは空を切る。狙い通りピンチを脱した。コースの選択は、百戦錬磨のベテランだから知る抜け道。「『待ってました』と思える真ん中高めの甘いコースなんて、欲との戦い。俺が決めると強く思う主軸ほどボール球でも振っちゃうよ」。

それから約30年。東北楽天監督として見た不真面目な優等生は誰なのか？

他球団にいた。日本ハムのダルビッシュ有投手（現パドレス、宮城・東北高出身）。ピンチになると圧巻の投球を披露する「ギアチェンジ」が持ち味だった。西武の岸孝之（現東北楽天、東北学院大出）もだ。落差の大きいカーブを駆使する緩急の幻惑投法を絶賛した。2人は臨機応変というもう一つの不真面目な要素を持っていた。

「岸なんて仙台出身だ。うちは地元選手を何で逃すんだ。おい、何でだ?」。野村監督に聞かれ、私は背景を言えず困った経験がある。

2004年ドラフト候補のダルビッシュの時は、球団創設のさなかで出遅れ。だが06年の岸は本人の意向が通る希望枠で西武とぎりぎりまで争った。

岸が西武を選んだ決め手は「注目されていない頃から見てくれた」だった。ほかにも東北楽天を選ばなかった若者らしい理由もあった。「髪の乱れは心の乱れ」。野村監督は身だしなみに厳しかった。それを岸は気にした。長めの髪型でジャニーズ系アイドルばりの風貌だった。

かつての岸は、極度に理不尽さを嫌う真面目な優等生。部の罰則で丸刈りにされるのを拒み「野球をやめる」とごねた。「練習嫌い」を指摘されれば「今の自分に必要な練習ならやる」と貫いた。高校も大学も強豪校からの入学勧誘をあえて受けなかった。プロ入りも、我が道を貫ける先はどこかと嗅覚に従った。

「……そういう訳です」とは野村監督にはとても言えなかった。

時は流れた。岸も古里に帰ってきて今や38歳。通算150勝まであと1つだ。練習の虫で「超」が付くほどの優等生として周囲から尊敬される存在だ。

もし岸が野村監督の下でプレーしていたらどうなっていたか。つい妄想してしまう。

ぼやきは元気の証し

「ＩＤ野球」「月見草」「生涯一捕手」「戦後初の三冠王」。数ある野村監督の代名詞や枕ことばの中で、最も人間性が伝わるのが「ぼやき」。ツイッターも定着していなかった頃、ひたすら記者たちの前で悩める心中をつぶやいた。

「俺、もうぼやきをやめたい」。08年春、野村監督が言い出した。取材対応をやめる意味ではなく、記者は一安心。「俺の談話を『……とぼやいた』って書くけれど、もうちょっと明るく、高尚な表現にしてくれよ」。監督は不満げに言った。

監督の言い分に一理ある。人間性を反映しているとはいえ「ぼやき」は卑屈なイメージが伴う。野村監督だって現役時代はスターだった。巨人で国民的英雄の「ミスター」長嶋茂雄、「世界のホームラン王」王貞治に肩を並べた人だ。「人は他人からの評価で生きている」と指導しているとはいえ、レッテルを貼られるような不快感があった。

「昔から決まって『愚痴の森、ぼやきの野村』と言われてきた。愚痴よりはまだ陰湿な響きがないかなとは思うが」。現役時代からのライバル・森祇晶《まさあき》元西武監督を引き合いに出しながら、諦めて受け入れてきた。

確かに野村監督に限っては「ぼやいた」と当然のように書いていた。記者には便利な表現だ。野村監督がいかに選手ら第三者を悪く言っても、最終的には一人称として個人の感情表現になる。たとえば「『あの投手がまた肘が痛いと降板を訴えた』と語った」と書く場合、最後を「ぼやいた」に変えるだけで少しだけ角が取れる。

ただ言い換えが難しい。選択肢は「嘆いた」「ため息を漏らした」くらいだ。記者みんなが「監督、じゃあどう書けばいいですか?」と聞いた。後日、得意げな表情で監督が提案した。

「『マンブー（mumble）』ってどうだ?」

チームの通訳に「ぼやく」を英訳してもらったという。口ごもるという意味。お気に入りの様子だ。「これからは俺を『マンブーマン』と呼んで」と言った。

ヤクルト、阪神時代には同じように二つの案を出したという。

一つ目が「カニの念仏」。カニが口から泡を出すようにぶつぶつとつぶやくたとえだ。かわいげがある。

二つ目が「壁訴訟」。相手がいないのに一人で不平を言う、という意味だ。むなしい雰囲気が漂う。

結局、どれも定着しなかった。すると「仕方ない。やっぱり俺はぼやきでいいや。一番しっくりくる」と原点回帰した。そして最後は「ぼやき」を生きる原動力として力説した。

「高い理想があるからぼやくんだ。日々の現実を戦っているからぼやくんだ。ぼやきは元気の証しなんだ」

しかし同じ年の8月。本当に野村監督がぼやかなくなってしまった。試合後のインタビューを完全拒否。テレビで人気の「ノムさんのぼやき」コーナー用に待ち構えるカメラの前を素通りし続けた。ちょうど北京五輪開催中。翌年の監督契約延長にも注目が集まった時期だった。

本人が理由を語らなかったため、4つの臆測が飛んだ。

（1）前年の4位浮上から一転、最下位争いに逆戻りしたチームに心身とも疲れたか
（2）面白い文句を考えるのに飽きたか
（3）北京五輪報道に埋没するのを避けたか
（4）球界随一の広報役として、存在の大きさを再認識させたいのか——

状況的に全部正解だった。監督は3年間指揮してきても、理想とほど遠い現実に虚無感を覚え、自分を見失いかけていた。

空白期間は9月に終わった。1年の契約延長が見えた頃、野村監督はぼやきをおもむろに再開した。実は言う方も聞く方も、あるべきものがない違和感があった。

「みんな、やっぱりぼやきが聞きたかっただろう。俺もぼやいてなんぼ。ぼやいているうちが花だと思ったわ」。野村監督はぼやきこそ人生の糧と言わんばかりに名調子を取り戻した。

すると、ぼやぼやしていたチームも復調。最終戦にサヨナラ勝ちして最下位脱出を決め、晴れやかに1年を締めくくった。

と、ここで終わらないのが、味わいすっきりといかないぼやきならでは。他山の石としたい戒めがある。

08年の交流戦、東北楽天が巨人に勝った時、野村監督は試合後のインタビューでいきなり「バッカじゃなかろかルンバ♪」と歌った。『昭和枯れすゝき』で知られるデュオ「さくらと一郎」の知る人ぞ知る曲だ。「バッカ……」と思ったのは、2点差の九回2死一塁の巨人の攻撃。同点弾の可能性がある中で、単独の盗塁死で自滅した幕切れだ。「巨人は面白い野球をする。野球は意外性のスポーツ」と遠回しにやゆもした。

それにしても「バッカ……」だ。一般紙では許されない不快感を与える表現。さすがに採用を控えた。野村監督らしいサービス精神満点の場面ではあった。テレビでそのまま面白いぼやきとして流れ、08年を代表する野村語録にもなったが。

「やはり」なのか、「忘れた頃に」なのか。しっぺ返しは来た。翌09年、東北楽天は巨人に交流戦4戦全敗。最後の試合後、報道陣を前に巨人の伊原春樹ヘッドコーチが1年越しの反撃に出る。「バッカじゃなかろかルンバ」。

阪神で監督とコーチだった勝手知ったる2人とはいえ、紳士的ではない言動の応酬だった。世が世ならSNSで炎上し、不毛な争いになっただろう。「策士策におぼれる」にも近いが、かようにぼやきが一人歩きすることがままあった。

野村監督は「過度な表現には気を付けろ」と身をもって周囲を戒めていたのか……。そんなことはないか。

しっかり食べよう

真夏の午後。痛いほどの日差しが当たる本拠地の三塁ベンチ。野村監督はいつもの特等席に腰掛けた。記者に囲まれたが、話し始めようとしない。数十秒後、ようやく短く一言。

「臭う？」

ニンニクを日頃からサプリメント的に食べている。「さっき食べ過ぎちゃった。ちょっとスタミナ付けようと思って……」。口元に右手を当てて呼気確認。「はーっ、どうかな？」。すると笑顔とともに、空気にほんのり苦みが帯びてきた。

片手には熱中症対策のペットボトル。茶色い中身をごくごくと流し込む。免疫力アップやアンチエイジングに効果があるとされるキノコ、カバノアナタケのお茶を専属広報がいつも一定濃度で入れてくれる。それを1日にボトル3本は飲んだ。「これ飲むと体調いいんだよ。抗がん効果もあるらしいから、王（貞治）にも勧めたんだ」。

夜は肉食系。宮城県庁前の宿舎から仙台の繁華街・国分町《こくぶんちょう》に繰り出した。目指すは横町の高級ステーキハウス。「ほかの店に行けなくなるくらいうまい」と大のお気に入り。仙台牛ステーキ約200グラムをペロリ。「肉をかんで食べられるのも元気な証し」と豪語した。

ニンニクも、肉食も若手選手時代からのスタミナ源だ。「食は重視してきた。体が資本だから」。その原体験とも言える話がある。

「50年以上も前の忘れられない味」があった。南海入団が決まった時、18歳の野村さんは未体験のごちそうを食べた。有望選手は契約書を交わした後、フルコースでお祝いをしてもらうというのは今ならよくある話。当時はどんな品だったのか？

カレーライス。

入団テストで汗を流した後、食堂で頼んだ。「肉が入っているはずだから」。戦後間もなく、野村家は食べていくことに苦労した。肉は正月でもなければ無縁。大金をつかんで家族を支えるために志したプロの世界。ハングリー精神はまず食べ物に向かった。

一気に3杯をペロリ。見ていた球団職員は驚いて「それにしてもよく食べるなあ」。続くせりふは、カレーの味と共に野村さんの心に刻み込まれた。「食が細い選手は大成しない。お前は素質あるぞ」。練習するから腹が減り、食べるから体が強くなるという理屈。

野村さんは裏方兼務のテスト生から名選手に成り上がった。食べ物はその歩みの象徴だった。

駆け出しの頃、球団の寮では丼飯のほか、みそ汁と漬物だけだった。必死に努力して1軍に定着。ホームランバッターとして開花し、年俸も上がった。パワーの源とするため意識して焼き肉を食べた。「年俸1億円以上だった」という選手兼任監督時代、東京で中華料理店に通ってフカヒレそばを好んだ。そこで後に妻になる沙知代さんに運命的に出会った。

「この選手はものになる」。1999年からの阪神時代、野村監督はかつての自分を見た気がした。遠征宿舎の食堂、若手が約2時間も居座っていた。実に見事な食べっぷり。

まだ20歳そこそこの井川慶投手だ。野村監督の見立て通り、高卒4年目の2001年に9勝して台頭。03年には20勝を挙げて18年ぶりのリーグ制覇に貢献。後に大リーグにも挑戦した。

だから東北楽天でも、同じように食堂で若手を見れば言った。「しっかり食べよう。プロは食べるのも仕事」。しかし、眼鏡にかなう豪傑は現れなかった。

09年8月、身長186センチですらっとした新人・井坂亮平投手に食事指導した。すると数日後、肺気胸で戦線離脱。井坂を「モヤシ」と呼んだ監督。さすがに「食が細いから体を悪くする」と思わざるを得なかった。

選手には、ただやみくもに量を食べろとは言わなかった。「体を大きくしたいなら1日5食くらいに分けて食べた方が良い」とも伝えた。適切な食べ方に対する知恵を含むのが、井坂離脱から日を置かずに起きた「カツ丼事件」。

8月22日、6連勝で迎えた一戦。先発は新人左腕・藤原紘通《ひろみち》。約2週間前、同じ相手のオリックスに1安打無四球の準完全試合でプロ初勝利。しかし続く好投はできず、KOされた。結局0－10の完敗。試合後の会見で、野村監督は突然、ある目撃情報を明かした。

「試合前から嫌な予感があった。藤原が試合前の食堂でカツ丼を食べていたんだ。腹いっぱいに」

試合前は通例、消化が良く、エネルギーになるうどんやそばなどを摂取する。腹八分目も基本だ。だからカツ丼を見て目を疑ったという。「満腹になったら血が胃にばっかり行っちゃう。試合で動きが鈍るし、打たれて当たり前だ」。

「監督、いくら新人でも……」。記者たちは素朴な疑問をぐっと我慢。疑惑解明のため、本人と周辺の取材に向かった。

実は、カツ丼を食べたのは似た風貌の別人。試合前練習を補助するスタッフらしかった。藤原はスパゲティを食べていて、完全なぬれぎぬ。単に野村監督の見間違いだった。

「適切な食事が大事」。監督は単にこう言いたかったのだが、例によってぼやきが行き過ぎた。

蛇足《だそく》。野村ヤクルトのある主力選手は試合前にカツ丼を食べても余裕だったらしい。現在、指導者になっているとか。当時の担当記者による目撃談。

われ以外皆わが師

「仕事はいくらでもあるが、沙知代は世界に一人しかいません」。野村さんは南海の選手兼監督だった1977年、後に妻になる沙知代さんとの交際を関係者に問われ、「野球を捨てる」とたんかを切った（第2章「世界に一人しかいません」参照）。巨人の長嶋茂雄、王貞治にも匹敵するスターらしからぬスキャンダルで、栄光から転落した。

当時、心の師匠のような人がいた。評論家の草柳大蔵さん。意外な交友関係だ。幸いロッテに拾われ、草柳さんに現役続行を報告する野村さん。その会話から一兵卒として生き抜く指針を得る。

代名詞「生涯一捕手」が誕生する。

野村「『野村は42歳でまだやる気か』と言われるんですよ」

草柳「40歳ちょっとですか。海外には70歳を過ぎてロシア語を一から学び始めた政治家もいます。何かを求めている限り、一生涯が勉強です。『生涯一書生』という言葉もあります」

野村「自分も野球の道半ばにいる人間ですね。ならばキャッチャーの僕は『生涯一捕手』でいきます」

野村さんは80年、45歳まで現役を続けた。第二の人生の在り方を模索した時、草柳さんは諭してくれた。

「まず本を読みなさい」

幼少期は働いて家計を支え、プロ入りした18歳以降は野球に専念した野村さん。読書習慣などなかった。草柳さんに渡された啓発書『活眼　活学』（安岡正篤《まさひろ》著）に背中を押される体験をした。

そして決意する。

「今から誰よりも野球を学び、野球博士になるぞ。もう一度指導者としてユニホームを着る日のために」

野球解説以外に講演依頼が増えた。「話が続かず時間が余ります」。この悩みにも草柳さんは助言する。

「野球のことだけ話すことです。あとは相手が解釈してくれる。経験談を聞きに来ているんですから」

得意な話でいいと思うと聴衆一人一人の顔を見る余裕も持てた。既に読書が習慣になった野村さん。ビジネス書、名言集、哲学書から感銘を受けた格言をメモした。自身の体験談に肉付けし、聴衆に語った。インプットとアウトプットを繰り返して磨いた言葉は、野球人としての血肉になっていった。

人気が出ると、マネジャー役の沙知代さんに1日に複数の講演予定を入れられることも。野村さんは「忙しくて死にそう」とうれしい悲鳴を上げた。明治時代の実業家・渋沢栄一の言葉で沙知代さんに尻をたたかれては、頑張った。「四十、五十ははな垂れ小僧、六十、七十は働き盛り、九十になって迎えが来たら、百まで待てと追い返せ」。

こんな9年間を経て、89年秋にヤクルトの監督就任。知将として黄金時代に導くのであった。

ここまでが野村監督が東北楽天ベンチでいつものように報道陣に披露した講話。終盤恐妻ネタが混じるのが野村監督らしいところ。ものの10分ほど話すと、教訓のように言った。

「本に学び、本を楽しむ。本から気付きを得れば得るほど人生が豊かになる」。駄目押しのように「われ以外皆わが師、だ」とも。作家・吉川英治の言葉で、心掛け次第でどんな相手からも学びを得られるという意味だ。

東北楽天にこの格言を地で行った人がいた。野村監督以後の2011～17年に在籍した松井稼頭央。43歳になる18年まで息長く、日米通算で歴代5位2705安打を誇った名選手。年間3割30本塁打30盗塁のトリプルスリー達成者でもある。彼の逸話を一席。

タンクトップが似合うボディービルダー同然の肉体美、衰えを知らないスピード。「どうしてその体を保てるんですか」。41歳になろうかというころ、彼に聞いた。答えは「実はある方を目指して努力してきた」。

1990年代後半にさかのぼる。20歳代前半の松井稼は球界随一のスピードスターだった。テレビ番組の企画で、ある有名人と100メートル走対決に臨んだ。相手は30歳代後半。松井稼は「負けることはないだろう」と高をくくっていた。

いざ号砲。

予想に反して、相手がスタートから一気に先行した。「これはまずい」。背中を追う松井稼は急加速。最終的に追い抜いてゴール。勝つには勝ったが、ある意識が芽生えていた。「自分が40歳になった時、あの瞬発力とスピードで走っていたい」。憧れの対象となった人とは？

井手らっきょさん。

20代の頃から芸能界きってのいだてんで知られ、衰え知らずだった。ビートたけしさん率いる「たけし軍団」の一員として、裸体を披露する芸人以外の顔もあった。何せ、阪神に勝ったこともある軍団草野球チームの看板選手だった。

受けた刺激をすぐに忘れるのが凡人。胸に刻んで努力し続けたからこそ、松井稼はレジェンドたり得た。エピソードはそれを示す。

さて、野村監督は「示唆に富む言葉や哲学を持たなければ、リーダーの資格がない」が持論だ。だからプロ野球の元旦に当たる2月のキャンプ初日、ミーティングでは人生哲学を説いた（第1章「世のため、人のため」参照）。

その門外不出の語りをまとめた晩年の自著がある。『野村克也　野球論集成』。生涯100冊超の自著の中、オンリーワンにしてベストオブベスト。秋の夜長、野球好きでなくても「わが師」になり得る一冊だ。

ひらいてせまる

日本ハム・中田翔が21年8月の試合で同僚選手を暴行した事件が問題になった。中田が巨人へ放出される形で決着した。令和の今も暴力が絶えないプロ野球界に時代錯誤を感じた人はいるだろう。昭和の時代には「鉄拳制裁」の名の下、暴力を伴う軍隊的指導があった。試合で失敗を犯した選手が対象になった。

「お前、野球をなめているだろう！」

試合中のベンチ裏に大きな声が響いた。巨体のベテラン野手が若手投手の胸ぐらをつかんで迫る。漫画『ドラえもん』でジャイアンがのび太を脅すのと同じ構図。「なめていません！」。若手投手は必死に反論。壁に押し付けられた衝撃で端正な顔がゆがみ、コンタクトレンズまで飛び出した。

07年、東北楽天で実際にあった一幕。火種は、若手投手がゴロの連係守備で一塁ベースカバーをしなかったことだった。

若手は先発定着の当落線上で、微妙な結果が続いていた。投球に苦しむあまり、守備への注意が散漫になった。一方、首脳陣と選手の仲介役として存在感があったベテラン。「鉄拳」を受けて育ったファイターな分、チーム最優先の意識が出過ぎた。

幸いけがはなく、争点解決とともにしこりも残らず終わった。ベテランの指導の範囲に収まった。ただ世が世なら暴力を伴うパワハラとみなされかねなかった。

野村監督も時にトラブルに見舞われた。主に外国人選手との間で。言葉と文化的な違いが障害になった。1999年、野村阪神1年目の本拠地開幕戦で起きた「（ベン・）リベラ造反騒動」。

同点の延長十回1死満塁。満場の虎ファンに本拠地初勝利を見せるには、どうしてもしのぎたい局面だ。わらにもすがる思いの野村監督。前年27セーブの守護神・リベラを投入した。

助っ人にとって予想外の緊急登板だった。ブルペンで5球の慣らしだけでマウンドへ。当然、準備不足を露呈した。走者一掃の痛打でリードを許す。

ベンチへ戻ったリベラは野村監督に怒りをぶつけた。「5球しか準備していないんだぞ」。公衆の面前での批判は止まらず、放送禁止用語まで吐いてロッカールームへと引き上げた。

リベラは抑え役とは言ってもセーブが付く場面で逃げ切りを図るクローザー型だった。「ベンチの指示があるまで準備しないのがアメリカンスタイル」。言い分は一理ある。だが態度が悪すぎた。

野村監督はピンチを火消しする旧来のストッパーとして起用した。柔軟に対応するだろうと思っていた。「試合展開を見て準備してくれていると思った」「契約内容とかあるだろうが、（例外的登板でも）意気に感じるとかないのか」。

結論、野村監督の落ち度は否めなかった。事前の一言さえあれば、行き違いは避けられたからだ。野村監督は面と向かうコミュニケーション以前に、あいさつが不得意だった。「あいさつ回りとかおべっかを使うようで嫌」とも明かした。だから自分への戒めの意味も込め、周囲にこう諭した。

「『挨拶《あいさつ》』の漢字はそれぞれ『ひらく』『せまる』と読む。心を開いて相手と距離を縮めることが大事。だから『ひらいてせまる』に励もう」

相互理解の大切さを反面教師的に示す事件もあった。誤解の連鎖で泥沼化した2009年秋の「リンデン事件」。闘志あふれるプレースタイルの助っ人が起こした〝場外乱闘〟だ。

10月10日の敗色濃厚の試合終盤、代打に立ったリンデンは怒り心頭だった。「アリガトウ」。試合後会見中の野村監督に公然と嫌みを言った。休養目的で先発を外れ、接戦以外は途中出場しないはずだった。だが6点を追う場面での代打。一打で6点取れという意味と思い込み、首脳陣を批判した。「クレージー」と連呼して。

「俺への冒瀆《ぼうとく》だ」。野村監督は不快感をあらわにした。「人間失格」とも厳しく断じた。クライマックスシリーズ（CS）第1ステージ開幕直前にもかかわらず、主力のリンデンを2軍へ落とした。

「ミスコミュニケーションがあった」。13日、リンデンは監督室へ謝罪訪問する。だがTシャツ、短パンという姿。「全然反省していないのか」と監督を逆なでする。リンデンも監督が訓話のつもりで発した「育ち」を指摘する言葉に反発。家族への侮辱と受け止め、再び態度を硬化した。

修復不可能かと思われた頃、リンデンが動いた。第2ステージ開始を2日後に控えた19日、コーチを介して再び謝罪の機会を願い出た。

再びの対面。リンデンがきちんとスーツ姿で誠意を示したことで、ようやく和解の時を迎える。

「自分の言動を反省している。事の大きさを痛感している」。リンデンは素直に謝った。

野村監督も紳士的に応えた。「言葉の壁や文化の違いはあるが、チームスポーツなので、次のステージに向け、みんなと頑張ろう」。2人はがっちり握手して心を交わした。

翌日、練習に復帰したリンデン。野村監督の前で足を止め、じっと視線を送った後、笑顔で言った。「オハヨウゴザイマス」。監督もニコッと笑い返して「グッモーニン」。あのドタバタ劇はどこへやら。「ひらいてせまる」を地で行く2人だった。

B型が最強

「だから言っただろう。名球会はB型が多いって。通算安打数上位3人、イチロー（4367本）、張本（勲、3085本）、俺（2901本）とみんなB。Bは最強なんだ」

イチローが張本の記録を抜いた09年春頃の東北楽天ベンチ、野村監督はよくB型至上主義を説いた。記者たちが名球会メンバーの血液型を調べると、確かにその通り。監督は「A型が本来は最多数なのに面白いよな」と胸を張る。

他に通算本塁打（日米通算、22年現在）も1位王のO型に続く2〜5位はB型。ベストテンもB型、O型が5人ずつ。

確かに弱肉強食の世界の頂点に立つには、より我が強い方がよさそう。ハングリー精神が原動力だった野村さんの半生を振り返るまでもなく、説得力はある。

一般的に言われる類型は、A型（全体の構成比40％）は繊細、きちょうめん。B型（20％）はマイペースで頑固、リーダー型。O型（30％）はおおらか、負けず嫌い。AB型（10％）は芸術家肌、二面性がある――などだ。

血液型による性格の分類は科学的根拠がなく、先入観にも近い。しかし万人が知る通念だ。それを野村監督は軽視せず、相手心理の分析や洞察のきっかけとして勝負に生かそうとした。

「『人を見て法を説け』『氏より育ち』とは言ったもので、確かに人間の性格は育った環境が9割と思う。でも残りは血液型だろう。野球にも少なからず影響する。相手を知るのに役に立つ」。実際、監督は相手チームの新顔を見掛けると「何型だ」と橋上秀樹ヘッドコーチに選手名鑑で調べさせた。

ここからは監督個人の独断と偏見。なにとぞおおらかにお受け止めください。

「Ｂ型同士は引き寄せ合うんだ。俺とサッチー（沙知代夫人）もそう。Ｂ型のやつ、手を挙げてみろ」。監督が見回すと、10人ほどいた記者のほぼ半数がＢ型（私含む）だった。「そら見ろ」。どや顔の監督を囲んで、みんな大笑い。

「でもな、何でかこのチームは少数派のＡＢ型が異常に多い。だから俺の考えがうまく伝わらないのかな。言っちゃ悪いが、ＡＢ型ってちょっと変わっているからな」。確かにＡＢ型はコーチでも橋上秀樹、池山隆寛、西俊児《しゅんじ》と３人いた。選手もエース・岩隈久志を筆頭に、藤井彰人、渡辺直人、鉄平、中村真人……。なぜか主力の多数派だった。

21年と同様、ヤクルトとオリックスが顔を合わせた26年前、１９９５年日本シリーズは振り返れば唯一の野村、イチローによるＢ型野球人の頂上決戦だった。ヤクルト野村監督は心理戦に勝機を探る。

オリックス最大の難敵はイチローだ。前年にはシーズン２１０本の最多安打新記録を樹立。阪神大震災後の「がんばろうＫＯＢＥ」を掲げたこの年も、打率３割４分２厘、25本塁打、80打点と三冠王に準ずる大活躍でフィーバーが続いていた。93年日本一を知るヤクルトが格が上ではあったが、イチローを調子づかせれば、強い逆風にさらされることは目に見えていた。

「ストライクゾーンに弱点がありません。お手上げです」。スコアラーに託したイチロー分析の結論だった。しかし決戦目前、ニュース番組に出演した野村監督はイチロー攻略法を問われ、ある作戦を吹聴《ふいちょう》する。

「結論は出ました。イチローは内角高めに穴がありますよ。そこを徹底して攻めます」

この後、新聞も含め報道は「内角攻め」一色になる。

完全なる陽動作戦。B型のプライドを刺激し、挑発して、野村監督はこうも言った。この年3割30本塁打30盗塁のトリプルスリーを達成した野村謙二郎（広島、B型）を例に「野村より下や」と。

いざ決戦。

イチローは見るからに内角を意識し、調子を乱した。古田敦也捕手（B型）らヤクルトバッテリーはふたを開けてみれば、外角勝負。内角はスパイス程度にしか使わず。見事にイチローの出はなをくじく。

ただ相手は球界最強打者だ。第5戦で本塁打を放ち、復調してきた。「途中で外角勝負の作戦がばれちゃった。さすがにイチローは修正してきた。あれがもう少し早かったら、やられていたな」。野村監督は振り返った。結局、第4戦までイチローを16打数3安打、打率1割8分8厘と封じたのが奏功。4勝1敗でヤクルトが2年ぶりにシリーズを制した。

実は隠し味も一つ。予告先発を見てオーダーを組む「猫の目打線」が売り物のオリックスをかく乱する作戦だ。シリーズ開幕直前の練習、第1戦先発予定の右腕・テリー・ブロスに肩痛を訴える芝居を打たせた。新聞は「ブロスピンチ」「左腕・石井一久（O型）か」と報じた。ここで野村監督はしれっとブロスを起用。第1戦を勝利する。

野村監督が相手をもてあそぶ様は、今で言うメンタリストのようだった。しかしとぼけた一面も。東北楽天ベンチである時明かした話。

「この間高級クラブに連れられて行った時、そこの女性を『今度、食事でも』って誘ったんだ。『考えておく』って言われたんだけど、全然返事が来なくて。電話しても出ないし……」

目が点になった記者たち。一人が意を決して言う。

「監督、『考える』はお断りの言葉ですよ」

後日、野村監督は新しい携帯電話を披露した。「前のは真っ二つになった」と苦笑いしながら。

「サッチーが『何よ、この番号』と怒っちゃった。あれは生粋のB型、やっぱりB型はかなわんな」

言いたいこと、ないのかな？

「言いたいこと、ないのかな？　本当にさあ。ちゃんと考えているのかって思っちゃうよ」。東北楽天ベンチ、野村監督は前日に若い選手を叱った場面を振り返り、ため息を漏らした。何を指摘しても「はい」以外は無言を貫かれ、拍子抜けしたという。監督はそんな反応の人を「無言会」と呼んだ。「あーあ、新メンバー登場」とも嘆いた。

監督は試合中、疑問に感じたプレーをした選手を「根拠は何だ」と追及し始めると、止まらなかった。弁解の余地がないほど空気は一方的。上下関係を重んじるまじめな選手ほど黙り込んだ。相手は名将にして元名選手、雲の上の存在だ。首脳陣にも会議で持論を言えないコーチはいた。

私も監督の逆鱗《げきりん》に触れた経験（第7章「信なくば立たず」参照）がある。「無理です。相当な勇気が要りますよ」。冒頭の一言にこう意見したくなったが、やはり何か怖かった。

ただ監督も直接叱ること自体に疑問を持っていた。だからこそ試合後の会見で、個人の感情表現としてぼやいた。要点をまとめた新聞記事を介して、選手に気付きを与えようとした。

それにしてもだ。一匹狼的な半生を過ごし、寂しがり屋なのに、なぜイエスマンばかりを望まなかったか？　反論が理想へと近づく建設的な歩みになり得ると考えたから。

「『人間、3人の友を持て』と言う。原理原則を教えてくれる人。師と仰ぐ人。そして、直言してくれる人。だから俺は捨て身の覚悟で言ったんだ」。次に紹介する逸話を私は野村監督から何度も聞かされた。それだけ意義が大きかったと思ったのだろう。

90年代にヤクルトを3度の日本一に導いた手腕を買われ、暗黒期の阪神監督になって2季目。外国人頼みのチームは最下位に終わりそうな雲行きだった。野村監督は2000年夏、久万《くま》俊二郎オーナーに球団改革を直談判した。

「阪神が強くならない理由は、オーナー、あなたにあります。組織はリーダーの力量以上に大きくならないからです」

遠慮なく問題提起した。

「現場の監督を代えさえすれば優勝できると思っていませんか？　それは精神野球の時代で終わりました。阪神にはエースや4番がいません。それは育てるものではありません、連れてくるものです。過去に阪神で育ったのも掛布雅之くらいでしょう。なぜ金を出して力のある選手を獲得しないのですか」

「脇役ばかり」と前任監督が言ったチームを引き継いだ。球団の後押しがあったヤクルトから来た野村監督には、阪神の戦力不足の原因が補強費を惜しむ体質にあると見えた。当時は有望新人選手が入団先を希望できる制度があった。フリーエージェント交渉でバリバリの選手を誘う選択肢も。巨人が資金力と人気に物を言わせた時代、阪神は獲得競争を避けてきた。

久万「君は巨人のやり方が正しいというのか！」

野村「正しいですよ！」

2時間以上の熱論の後、久万オーナーは認めた。「君の言うことはいちいち腹が立つ。でも正しいな」。

直言で阪神は変わる。次の星野仙一監督の下、金本知憲外野手らを大型補強した03年、18年ぶりのリーグ制覇を果たす。

逆もあった。野村監督に「直言」する猛者がいた。言葉ではなく、体を張ったプレーによる訴えだったが。いわゆる指示の無視。

野村ヤクルトが悲願の王座に就いた1993年日本シリーズ。第4戦で中堅手・飯田哲也が見せたバックホームは伝説になっている。

1－0の八回2死一、二塁、西武の打者は主軸の鈴木健。野村監督は外野に「下がれ」と指示した。同点打は仕方ないとしても、逆転だけは避けようという陣形。しかし飯田は独断で逆を行く。前進して守った。「ホームへ強風が吹いている。頭を越されはしない」。

予想的中。鈴木の打球は飯田の前への短打だ。飯田からの好返球を受け、古田敦也捕手が二走を本塁でタッチアウト。見事勝利し、日本一へ王手をかけた。

第7戦、2－1の八回1死三塁からダメ押し点を奪った場面（第4章「覚悟に勝る決断なし」参照）も同様。内野ゴロで猛然とスタートして本塁生還したのは、三走・古田の独断だった。

野村監督は指示系統に厳格。しかしより確率高く結果を導けるのであれば、選手の現場感覚を尊重した。だから怒らなかった。勝利に直結した飯田、古田のプレーも「成長した姿を見せてくれた」と歓迎した。

「直言」を許す野村監督の寛容さは、時代の先駆けだったのかもしれない。

情が出ちゃう

ヤクルトとオリックスが相まみえた95年日本シリーズ。今も語り継がれるのは、オリックス小林宏投手とヤクルトの4番・トーマス・オマリーによる伝説的場面「小林、オマリーの14球」。ヤクルトが開幕4連勝を狙う第4戦は1－1の延長十一回1死一、二塁。小林が2度もサヨナラ本塁打性の大ファウルを浴びながら、オマリーを空振り三振に仕留め、ヤクルトに一矢報いる勝利に導いた。

実はこの名場面、野村監督がしゃくし定規に「勝利の方程式」的な継投をしていれば、訪れなかった可能性がある。

先発はシーズン7試合登板のみの川崎憲次郎。93年日本シリーズでも同じ第4戦に投げ、第7戦も勝ってMVPに輝いたシリーズ男だ。験を担いだ野村監督の願い通り、右腕は八回を終えて1－0と理想的投球。ここで野村監督は完封指令を出す。監督就任間もない頃からエース級で活躍してきた彼に、「日本一胴上げ投手」の歓喜に浸ってもらおうという親心は明らか。抑えの高津臣吾をあえて起用しなかった。

だが九回、意に反する結果に。川崎は先頭打者に同点ソロを被弾して降板。結局3試合連続の延長戦にもつれた。

「もし……」は禁物。でもあのまま4連勝で王座に就いていたら、「優勝投手・川崎」は95年こそが90年代野村ヤクルト黄金期の絶頂と印象づけるシーンになっただろう。オリックス視点の「小林、オマリー」ではなく。

「非情になんてなれないよ。どうやったって選手の生活や今後を考えてしまう。情が出てきちゃう。それが俺の一番の弱点」

考えてみれば、2009年6月、福盛和男の出戻りを許したのも、ノムさんの「情」だった。07年オフに野村監督が「頼むから残ってくれ」と慰留したのにもかかわらず、福盛は渡米した。それから1年半、大リーグで成功できなかった右腕の復帰話が出た時、一度は球団に「いらない」と告げた。

しかし、事態は急転する。

ある夜、福盛は監督が住むホテルのロビーで帰りを待ち、直談判してきた。

「もう一度楽天で野球がしたいです」

漫画『スラムダンク』のような場面だ。監督は折れた。

「いい大人が泣きそうな顔して頼んでくるんだぞ。むげにできないだろう。福盛にだって生活がある」

自分だって泣きついた経験がないわけではなかったから。

福盛は高卒選手よりも低い年俸440万円（金額は推定）で復帰。クライマックスシリーズ進出

の牽引役となった奮闘が評価され、秋には5000万円への増額を勝ち得た。余談だが、この10
36％アップは史上最高のアップ率とされている。

本題。東北楽天・野村監督は投手交代の難しさを語るたびに、よく吐露した。「あいつはすごい。俺には無理だ」。名将が称賛した日本シリーズの投手交代劇がある。

ご存じ、中日・落合博満監督のあの采配。中日が日本ハムを相手に53年ぶりの日本一にあと1勝と迫った07年の第5戦、八回終了まで完全試合を続けていた山井大介投手（現中日2軍投手コーチ）を交代した。結局シーズン同様に抑えの岩瀬仁紀が最終回を締めた。「日本シリーズ初の完全試合」という大記録には「継投による」という枕ことばが付いた。

強引にでも続投させなかった落合監督の判断は、広く物議を醸した。落合監督と親しい野村監督が心中を推察して当時言っていた。「前に日本シリーズの継投で悔やんだことがあるからだと思う」。それは04年、中日と西武による日本シリーズ第3戦。

2点リードの七回、中日は勝ちパターンの中継ぎ・岡本真也が1死から二塁打を許した。落合監督は岡本に近寄り「どうする？」と尋ねつつ、続く代打の左打者対策に左腕の高橋聡文《あきふみ》を準備していた。結局、マウンドに向かう途中で高橋を戻らせ、岡本に任せた。リーグ最優秀中継ぎ投手への信頼を貫いて。

しかし代える代えないのドタバタが悪い結果を招く。落合監督は「動いちゃいけないところで動いて、余分なプレッシャーを与えてしまった」。岡本はその後連続四死球で満塁とした後、同点二塁打を喫した。さらなるピンチで、とどめの満塁被弾。第7戦まで競った末シリーズ敗退した中日には、痛い黒星だった。

第3戦の後、岡本は「自分から『代わります』と言うピッチャー、いるんですか」と言った。意をくんで続投させた落合監督は自らの迷いを否定せず「こっちのミスで負けた。それ以上でもそれ以下でもない」と敗戦の弁を述べた。

岡本は野村監督にとって京都・峰山高の後輩。だからこの試合を「岡本の続投があったからな……」と覚えていた。

そして07年、勝利に徹する落合監督にノムさんは舌を巻いた。その采配のすごみは、当事者が納得して「山井－岩瀬」の継投を完遂したところにある。山井は投手コーチに続投可否を問われ、降板を申し出た。「個人記録はどうでもいい。最後は岩瀬さんに投げてもらいたい」。監督以下、チームが失敗を糧にした訳だ。

こうして中日は、落合体制での挑戦3度目にして、半世紀以上も遠ざかっていた日本一に返り咲いた。

さて、野村監督は全く非情になれなかったのか？　実は……、そうでもない。

1997年9月、石井一久投手が無安打無得点を達成した翌日の2位横浜（現DeNA）戦、勝てば優勝マジックナンバー点灯だ。先発は右腕エースの田畑一也。だがたった1点先制を許しただけの三回1死で、野村監督は交代を告げる。通常あり得ない早すぎる降板劇、田畑はマウンドで怒りをあらわにした。この勝負に徹した非情采配がチームに火を付け、結果は逆転勝ち。

試合後の会見、野村監督は「情」をのぞかせる。「1年頑張ってくれた田畑には気の毒なことをした。でも絶対に勝たなければならなかった。だからチーム優先に徹した」。震えるような声で胸中を明かした。

結局どっちつかずの野村監督。しかし、だ。情に厚いからこそ非情にもなれるのではないか。私の推論だが。「One for all, All for one」（1人はみんなのために、みんなは1人のために）の精神が示すように、個人と組織は表裏一体のはず。ならば「情」の野村監督が大一番で勝負の鬼になったって矛盾していない。

組織はリーダーの力量以上に伸びない

「苦労という渦の中に飛び込んで参りました」。野村さんは2005年冬、どん底の最下位に沈んだ東北楽天監督を引き受け、言った。そして09年の退任まで4球団24年に及ぶ監督生活で、恐らく今後更新されないであろうという意味での金字塔を打ち立てた。

歴代最多敗戦1563。

誰より多く、敗戦の責任を背負い、苦悩してきた。

「不滅だ。名を残していいんじゃない、汚名を。俺らしくていい」。08年6月、単独の歴代最多になった時、自虐的に言った。

通算勝利数は1565。わずか2しか勝ち越していないのは下位チームの再建を引き受け続けたからだ。

1999～2001年の阪神では3年連続最下位。妻・沙知代さんの不祥事があって辞任に追い込まれたが、4季目も決まっていた。06年の東北楽天1年目も最下位。2球団にまたがるとはいえ、4季連続最下位で失職しなかった指揮官は過去にもそういない。

敗れても敗れてもチームを託された。それが野村監督の手腕への評価そのものだ。ただ本人には「恥の意識」があった。

「今季は恥ずかしい成績に終わり申し訳ない」。06年11月23日、本拠地でのファン感謝祭。野村監督は1万7000人超のファンに頭を下げた。前年の97敗から少し引き上げたとはいえ、チームは85敗で2年連続最下位に終わった。

おわびの途中、ファンを騒がせる問題発言をする。

「来季Aクラスに入らなければ、辞めましょう」

さすがの名将でも戦力不足のチームを簡単に引き上げられるはずがない。そう思うファンが大半だったから、発言はさまざまな議論や臆測を呼んだ。「何もそこまで自分を追い込まなくても」「弱いチームで指揮を執るのに疲れたのか」。

数日後、球団の経営諮問委員会でも問題発言は話題に上がった。出席した野村監督に対して、ある委員が発言した。「3位以上に入るまでは辞めないでほしい」。終了後、取材に応じた三木谷浩史オーナーまでもが言った。「Aクラスに入るまでやってほしい」。

これまで何度か紹介してきた09年秋、「やめたくない」と執着した姿とは真逆だ。監督は一体何を考えていたのか？

06年は火中の栗を拾うように寄せ集め集団を率いた。「種をまき、水をやり、花開かせる」という流れの最初の段階だった。とはいえ結果が全ての勝負の世界と思ったから、あの発言で辞める覚悟も示した。

07、08年と最下位を逃れ、09年は「開花」し始めた段階。投げては岩隈久志、田中将大、永井怜の先発3本柱。首位打者の鉄平に、不動の4番・山崎武司がいる打線も脅威だった。「もう少しで優勝を狙えるチームに仕上がる」。手応えがあったから、監督職にしがみついた。

それで退任後、13年にチームが日本一達成した後は恨み節を言った。「阪神の時もそうだが、他人が嫌がる土台作りばかりやらされて、優勝は星野（仙一）が持っていく。監督なんて引き受けなければよかった」。

いつ花開くか分からないまま、水をやり続ける。それにはやはり忍耐力を要したのだろう。07年以降も、私が知る限り毎年1度は「辞表を出す」と言った。

投打に「考える野球」を実行する姿が見られず、球団再編騒動で因縁のあるオリックスに敗れ、最下位転落した07年7月の試合後、ぼやいた。「ノーシンキングだよ。考えが伝わってこない。情けない。その犯人は野村なのか……。白い紙と筆を買っておいて。あした辞表を書くから」。08年、投打に精彩を欠いた3月のオープン戦後も嘆いた。「今年も最初から楽天野球をやってしまったわ。何が悪いか。教育が悪いのか。ポケットの数だけ辞表を持っておかないとな」。09年も2月の対外試合で若手に覇気を感じられず、ため息を漏らした。「若手から何とか1軍に残るという必死さが伝わらない。反省しないし、悔しそうな顔をしていない。春うららという感じ。教育が悪いのか……、監督は辞表ものだな」

3つには共通点がある。選手を非難しているふうで、結局は自身の監督責任を問題視しているのだ。それを聞いた部下たちはどう思うのか？　ほかの球団でも指導経験のあるコーチが当時語っていた。

「わが身かわいさで他人のせいにするのが凡人の監督。キャリアに傷が付くとか、恥をかくとか思わず、自分の責任を潔く言えるのが、野村さんのすごさ。責任を取る自分に酔ったような言い方でもなく単にぼやくから、われわれも力不足を感じる。一層頑張らざるを得なくなる」

「組織はリーダーの力量以上に伸びない」。要するに、組織がうまくいくかどうかはリーダーの度量、器量、覚悟次第だ。それを部下にどう示せるか、という部分も重要なのだろう。

実は野村監督は上司に対して、この言葉を突き付けていた。阪神時代の00年夏、久万俊二郎オーナーとチーム強化を話し合った時だ（本章「言いたいこと、ないのかな？」参照）。長年の低迷の原因を口酸っぱく説いた。

確かに野村監督の主張は正しく、久万オーナーを意識変革させ03年、星野監督の下リーグ制覇する転換点になった。ただ野村監督に至らなさを痛感させる形にも。後年、久万オーナーに指摘を受けた。

「確かに強くなったよ。でも星野君と君には違いがあった。彼は具体的にこの選手を取ってほしい、これくらいの金額が必要だと段取りを付ける力があった。でも君は単に補強してほしいと言うだけだったんだ」

この思い出話を披露する度、野村さんは苦笑いした。「俺って世渡り下手だからさ」と言って。

第6章

秘蔵っ子の告白

東北楽天に来てから、時折見せた好々爺《こうこうや》ぶりはどこに理由があったのだろう。やんちゃな相手に対しては、特にだ。阪神時代に新庄との付き合いで開眼したのか、夫人の事件による辞任という苦難が人間的な幅を広げたのか、「人には添うてみよ」といった感じもあった。監督として再起した社会人野球のシダックス、東北楽天時代をともに過ごした唯一の教え子、中村真人との歩みからもまた、ノムさんのぬくもりが感じられる。

「天才バカボン」

野村監督は中村をあえてこう呼んだ。

抜群のミート力を「天才」とほめてはいるものの、「バカボン」だ。親しみを込めつつも、なぜ軽くけなす言い方をしたのか?

中村はいたずら小僧のような素朴な見た目で、実際に坊主頭の時もあった。愛称は「マメ」。試合でのサイン間違いなどポカが多いにもかかわらず、なぜか憎めない。天真らんまんないじられキャラクター。だから「バカボン」。

彼はとにかく無邪気に自分をさらけ出すのだ。その不思議な魅力は野村監督に通じるものがあった。

2007年に東北楽天担当になった私が最初に親しくなったのが、同じくプロ球界初挑戦の彼だった。取材陣は注目の新人・田中将大に殺到し、中村はいつもぽつんとしていた。

前年限りで廃部になったシダックスから来た。振り出しは2軍が主戦場の育成選手だったが、野村監督の「秘密兵器」「秘蔵っ子」と即戦力扱いだった。最初の目標は1軍の試合に出られる支配下選手への昇格。

その理由を1月、初めて会話した時に聞いた。強烈だった。

「僕、プロだから何千万円も契約金もらえると思ってたんですわ。だから結構、遊んで散財してもうて。でも育成って契約金ないんですわ。支度金がちょっとだけ。だから借金あるんですわ。早く支配下選手になって稼がないと。せっかく仙台に来たのに、うまいもんだって何も食べに行けてませんもん」

私は絶句したが、関西出身の彼は、何だかちゃめっ気いっぱいに話す。努めて「僕」と言うところもかわいげがある。

気がつけば私は数日後、仙台市の繁華街、一番町にある名店でカキ鍋を振る舞っていた。餌付け感覚だった。「こんなうまいもん、久しゅう食べてませんでしたわ。ありがとうございます」。成り行きで定期的にごちそうする関係になってしまった。

1年目、中村は2軍でチームトップの打率3割4分6厘を記録し、突出した存在になった。だがチーム編成上の理由で、育成選手のまま終わる。その秋、彼は宮崎県での教育リーグに参加していた。私が宿舎を取材で訪れると、中村はロビーで私を呼び止め、泣きついてきた。

「あんだけ打ったのに、僕はいつ支配下になれるんですか、教えてくださいよ。ほんま、僕どうなるんすか、これから」

2年目も中村は奮闘を続けた。6月末まで打率3割2分9厘を残すと、球団から支配下昇格を告げられた。公式発表の1時間ほど前、彼は律義に私に電話をくれた。

「こんのさん、今まで応援してもらったおかげで、僕、やっと支配下になれましたわ」

私が「まだこれから、頑張らないと借金を……」と言おうとした時、後ろで「ジャー」と派手に水が流れた。個室に用足しで入っていたのか。

彼は急いで電話できる場所を見つけたのだろう、あるいは彼にはきっと常識にとらわれない何かがあるんだ。私はそう解釈して水に流すことにした。

気楽にいけや

「監督は巧みに自分たちの心理をつかんでくる。見事に操縦されている気がする」。野村監督時代の主力選手は口々に言っていた。

「猛獣使いだ」とも。

実際、阪神監督時代に大きな実績がある。伸び悩んできた新庄を放任主義で素質開花させ、大リーグへと送り出した。彼の時と同じく、野村監督がシダックス以降「宇宙人」と呼んで扱ったのが、中村だ。

04年、近畿大からシダックスに入った中村は俊足巧打で売り出し中だった。野村監督の操縦術を実感したのが、夏の終わりの都市対抗大会だった。前年準優勝のシダックスは2回戦で西日本の雄・日本生命と対戦した。

3点を追う九回だ。シダックスは怒濤《どとう》の反撃で追いつく。一打サヨナラの場面、中村に打席が回る。

「行ったるぞ。ここで決めたる」

当然、熱くなっていた。やる気がみなぎっていた。

打席に入ろうとした時、野村監督に呼び止められた。練習ではいつも厳しい注文をされてきた。

「きっとまた何かある」と耳を傾ける。すると言われたのはたった一言。

「気楽に行けや」

前のめりになっていた中村の心理状態を見抜いた助言だった。

少し過熱感が収まった中村は、見事にセンターオーバーのサヨナラ打を放つ。

「お前の場合、分かりやすいくらい、気持ちが前に出すぎるんや。普段は何を考えているのか分からんけど」。後で監督に種明かしされた。

中村は思った。「この人、一人一人の性格によっても言うべき助言を使い分ける。すごいわ」。別の試合の勝敗を分ける打席でも、肩の荷を下ろしてもらうような助言があった。「ボール球振るな、以上」。

中村は監督のさじ加減が分かってきた。練習では厳しく圧力を掛けて選手を改良しようとする。でも、重圧が掛かる試合の場面では軽い言葉で緊張感を解きほぐすのだ。「監督は情熱と冷静さ、心と体のバランスを取ってくれているんやな」。

そして、いざ打席に立っても、作戦や指示通りに動きさえすれば、失敗しても一切文句は言われなかった。

たとえば「フォークだけ狙っとけ、簡単やろ」と言われた時。フォークを打って凡退したとしても、意図した攻略法がうまくいかなかっただけだと割り切ってくれるのだ。そもそも対戦相手と自分の力量を比較した上で、成功率の高い作戦を出してくれる。基本的に無理な注文はない。

この年、中村は野村野球を血肉化し、社会人指折りの巧打者として一躍台頭していく。都市対抗で新人賞に当たる若獅子賞を獲得。外野手として社会人の年間ベストナインにもなって1年を終えた。

社会人野球を代表する打者として君臨していた西郷泰之（三菱ふそう川崎）、草野大輔（ホンダ熊本、後に東北楽天）にも劣らない実力がある。そう自信をつかむまでになっていた。

ノムラの考え

中村はプロでたとえると、年間で打率3割5分くらいで安打を量産している感覚があった。

そんな彼を野村監督は最大限リスペクトした。

「お前はなぜ今これほど打てるんだ。お前のバッティングが俺には全く分からない。お前の感覚や考え方を紙にまとめて、俺に教えてくれないか」

現役時代に歴代2位657本塁打を誇る野村監督が人生論や野球論を網羅したテキスト「ノムラの考え」。シダックスに来てちょうどそれを再編集していた。そこに中村の野球観を入れたいというのだ。

野村監督の飽くなき向上心、立場が下の者に対しても頭を下げて教えを請《こ》える素直さを象徴する発言でもある。

野村監督は現役時代、右の長距離打者。中村のような左の巧打者については未知の部分があった。「ノムラの考え」もおのずと右打者に関する紹介が多かった。

「俺は右打者の考え方は分かるが、左打者の心理や思考はあまりよく分からないんだ。特にお前のボールの待ち方とかを知りたい。今までの俺の理論とは全然違うから」とも言った。

野村理論では、速球を待っていてもより遅い変化球に対応し、ヒットにできる打者を「天才型」

とする。しかし中村は言った。

「僕、変化球待ちでも、逆に速球が打てますよ」

それくらい動物的な即応力がある、型破りな打者だった。

東北楽天に来て、漫画『ドカベン』に出てくる岩鬼正美のような「悪球打ち」を披露して決勝打を放ったのも、技術的裏付けがあってのことだった。

そして野村監督は要所で、不思議と突破口を開いてくれる「天才」に頼った。

09年10月3日の西武戦。勝てば、初のクライマックスシリーズ出場が決まる大事な試合。

立ちはだかるは過去16戦で0勝9敗と勝ったことがない左腕・帆足和幸。9月には右打者を並べて2戦とも敗れ、18回1得点のみとお手上げだった。

「逆転の発想で行くしかない」。ここで野村監督は急先鋒の1番打者に中村を立てる。

中村はボール球を見極め、ファウルでも粘って7球投げさせた末に、四球で出塁して攻略の糸口とする。

すると2番渡辺直人が今度は、帆足の得意球、右打者藤元へのスライダーを引っ張る。三塁ベース直撃の内野安打になって、無死一、二塁。ペースを乱し始めた帆足に3番・鉄平が3ランを見舞う。

中村の粘りが瞬く間の先制劇を呼んだ。チームは帆足を五回途中8得点でKO。14－5で大勝。

先発選手全員が登壇したヒーローインタビュー。中村は「中軸には最強の打者がいる。必死でつなげばいけると思った」とチームへの信頼感を強調した。

作戦遂行に違反した者

「何で打たなかったんだ。狙えと言ったストライクゾーンへのスライダーだったのに。来たら絶対振れと指示したはずだ」

12年、春先のビジター戦で凡退した中村はベンチで新任打撃コーチから問答無用で批判された。ボール先行の場面、相手投手はスライダーでストライクを取りに来るデータがあった。そのスライダーを狙えという指示だった。

「タイミングが合いませんでした」。中村はそれだけ言って黙り込んだ。

実際、投げてきた球はカーブだった。見るからにボール球。それが不運なストライク判定になった。

打席を真横から見る打撃コーチの目には、単にストライクのスライダーを見逃しただけに見えたのだろう。

野村監督時代は、現場感覚が尊重された。あの頃なら、言葉で説明するまでもなかった。わざわざこんな風に。

中村「すみません、狙い球が来ず、打てませんでした」

野村「狙い球と違う確率の悪い方が来たのなら、仕方ないな」

今は違う。

チームの作戦遂行に違反した者と扱われている。

「自分は正しい判断をしたのに、この流れでは何を言っても言い訳になる」。中村は反論する気になれず、ただ叱責を浴びた。

「おいマメ、ハードラックやな。俺もあの球、ググッと縦に来てたように見えたぞ。あれはカーブやろ」

せめてもの救いは仲間のフォロー。大リーグ帰りの松井稼頭央はベンチにいても分かっていた。コーチに対して内心「こんなんじゃ、ついていけへん」と思ったこの日から、中村のプロ人生は暗転していく。

翌日、2軍降格。プロ入り後最少の25試合出場でレギュラーシーズン終了。秋に戦力外、退団。不完全燃焼の思いを胸にトライアウト受験。戦力外通告を受けた選手のテレビ特番出演……。

それでも、他球団からは誘いはなかった。

年々、体の衰えは感じていた。シダックスで最も輝いていた04年以降、実力が徐々に落ちている自覚もあった。

考えた末、引退を決断する。

挑戦心とハングリー精神と

報告しなくてはいけない人がいた。野村元監督だ。

中村は電話を掛けた。

「監督、僕は引退することにしました」

ユニホームに人一倍執着するノムさんはきっと現役続行を促すだろう。「もう少し頑張ってみろ」と。中村は身構えた。

だが予想したのとは真逆の言葉が返ってくる。

「そうだな。引退するのも手だ」

中村は心中、叫びそうになった。「えーっ、一応止めてくれるんじゃないの」と。しかし、ノムさんの次の一言によって、引退の決断に自信を持つことになる。

「お前は正しい」

ノムさんは中村の性格をよく知った上で、通り一遍ではない言葉を掛けた。

理由は東北楽天入団経緯にある。

06年秋、シダックス野球部は廃部が決まった。選手たちは移籍しないと現役続行できない状況になった。

中村は身を寄せる先を見つけられずにいた。ほかの社会人チームから誘われても、全て断った。

「今ほど強いか分からないチームに行ったって、僕はどうせやる気が出ない」

心は一つ。「もうプロしか考えられない。レベルの高い世界で、稼ぎたい」。

ドラフト会議が近づいたある日、携帯電話が鳴った。表示は「野村沙知代さん」。

ここから急展開する。

「あんた、なんで移籍先決まらないのよ、おかしいじゃない。えっ、プロに行きたいの？　それなら何でもっと早く言わないのよ、うちのパパにお願いしなきゃだめでしょ」

数分後、野村監督から電話が。「聞いたぞ。お前、プロに来たいんだってな。ちょっと待ってろ。球団に掛け合ってみるから」。さらに一週間後、「育成選手だけどいいか？　まあ、お前の力なら、すぐに支配下に行けるだろう」。

野村監督は中村の挑戦心とハングリー精神に懸けた。

あれから6年。

その中村が引退すると言ってきた。ノムさんは考えた。

独立リーグなど下位のステージに行ってでも、現役続行をさせたほうがいいのか？

明白だった。あの時のようにはい上がろうという気力が、中村にはもうなかった。

「俺はぼろぼろになるまで続けたい方だが、現役を続けて失敗するタイプもいる。お前はそっちかもしれない。野球で培った何かでこれから勝負する方法もある」

ノムさんは中村の身になって考え、彼が自分で出した結論を肯定した。

ノムさんはヒカルさん

中村は翌13年から「天才バカボン」のキャラクターを生かし、地元球団OBとしてローカルタレントのような活動を始めた。さらに少年野球の指導、スポーツバーなど飲食業も経験。今は新型コロナウイルス感染者に物資を届ける配送業も手掛けるなど、仕事の幅を広げている。

22年夏、私は十数年ぶりに中村と食事を共にし、ノムさんについて昔話をしながら聞いた。

監督とは、ちょっとほかにはない師弟関係だったよね？

頼んだわけでもないのに、具体的な例を示して関係性を語るのが、ノムさん譲りのサービス精神に満ちた彼らしい。

「僕にとって、ノムさんはヒカルさんだったんですよ。ユーチューバーの。話題になったばかりでしょ」

山口県阿武町による新型コロナウイルス対策臨時特別給付金4630万円の誤給付問題。電子計算機使用詐欺罪に問われた田口翔被告は、公金をオンラインカジノに使って、全国の非難を浴びた。そこに資金提供などの助け船を出し、再起を支援したのが、ヒカルさん。

「野村監督もそうだったんですよ。僕みたいな、『あんなん、ほおっておけ』という変わった人にも、どういうわけか手を差し伸べてしまう。でも、そうやって助けてもらって、僕は今まで来られたんですけどね」

何だか分かったような、分からないような。でも「天才バカボン」がそう言うのなら、これでいいのだろう。

「それくらい、野球の感覚の相性がよかったし、意思疎通しやすかったって意味ですよ」

理由は？

「監督の指示を受けてコーチがサインを選手に伝えるわけですけど、実は僕、サインを覚えてませんでしたもん。難しすぎて」

えっ？

「だから、監督の様子からサインを読んでました。基本的にオーソドックスなんでほぼ分かってましたわ」

まさか、直接目と目で交信するような離れ業《わざ》をしていたとは……、本当に天才だったのか。

第7章

野村さんと私

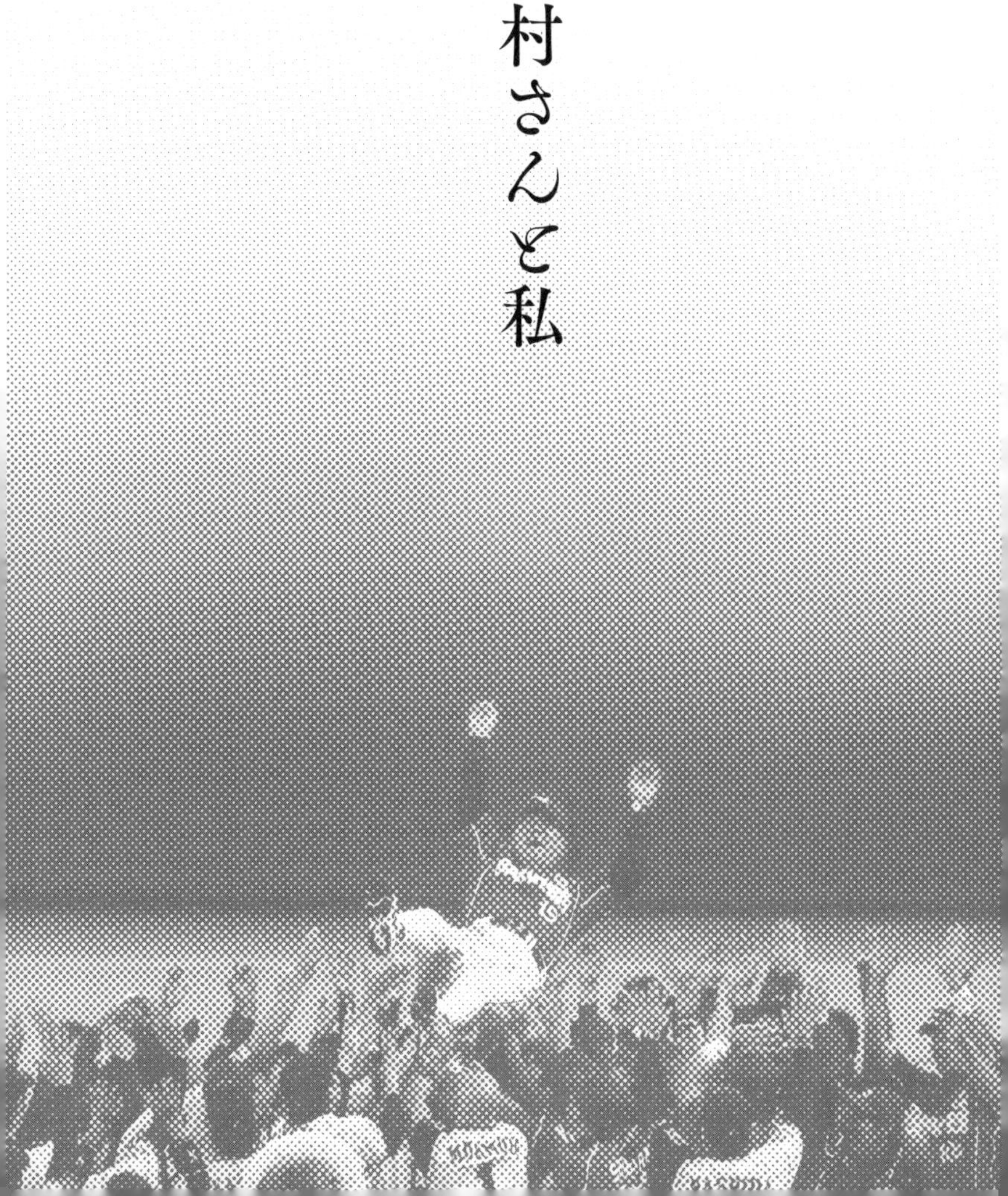

記者にとって野村監督ほど楽な相手はいない。勝手に面白いことを話す。何も考えず右から左に書けば仕事をした気になる。私はある時、この落とし穴に気づいた。記者は「感じること」に始まる。作家井上ひさしさん（山形県川西町出身）の言葉を借りれば「むずかしいことをやさしく、やさしいことをふかく、ふかいことをおもしろく」書いて世間に問うてなんぼだ。私はそれを見失っていた。野村語録なら「鈍感は人生最大の悪」だった。

心が変われば人生が変わる

ノムさん語録でもあるが、もともと高校野球では有名なフレーズだ。「心が変われば態度が変わる。態度が変われば行動が変わる。行動が変われば習慣が変わる。習慣が変われば人格が変わる。人格が変われば運命が変わる。運命が変われば人生が変わる」。もちろん、大人だって心のありようによって未来は変わりうる。

「野茂が入団するかも。話が持ち込まれていて……」

2008年5月、東北楽天の球団幹部が雑談中に小声で言った。あの野茂英雄投手。日本人大リーガーの先駆者的存在、国民的ヒーローだ。直前に大リーグ・ロイヤルズを戦力外になった。しかし、実現すれば大ニュースだ。「東北楽天・野茂誕生か」。見出しをイメージして記事を準備した。実現いろいろあって踏ん切りがつかず。数日後、スポーツ紙が1面にドーンと特報してきて、泡を食った。

最終的に入団に至らなかった。「実力的にはもう厳しい」と野村監督が受け入れなかった。そもそも、大リーグ挑戦者の国内復帰を嫌った。野茂はけが明けで、全盛期を過ぎていた。結局、2カ月後に引退を表明した。

「野村再生工場」。他球団をお払い箱になった選手を再び輝かせた野村監督の代名詞だ。評判は高く、あまたの元一流選手が工場を頼って来た。だが、なかなか幸せな結末にならなかった。野村工場長はぼやいた。「野村なら何とかしてくれるはず、と思って来る依頼心のある人間は無理」。

万人に効く再生魔法などない。ただ、過去の成功例には共通点があった。「今度こそクビにならないように『変わろう』と覚悟できているかどうかだ。そうでないと俺が何を言っても響かない」。これは、経験者だから言えるせりふだった。

「じゃあ、今から南海電車に飛び込んで死にます」

野村さんは19歳で解雇を伝えられ、必死に泣き付いた。高校を出て、南海に入団。今の育成選手のようなテスト生で、「カベ」と呼ばれるブルペン捕手もこなして1年間過ごした時だった。「わがまち初のプロ野球選手」と盛大に見送られて京都の古里を出てきた。たった1年で帰れるわけがなかった。母子家庭で育ててくれた母親を楽にするはずだったのに、これでは悲しませるのは明らかだ。「給料がなくてもいい。もう1年居させてください」。しつこく食い下がると、球団が仕方なく折れてくれた。

命拾いをすぐに忘れて安穏とする凡人なら、野村さんが名選手、名監督として後世に名を残すことはなかっただろう。だが、違った。

心を入れ替えた。「このままでは、また来年同じ憂き目を見る。1日24時間は皆同じ。そこで何をすればライバルに勝てるのか」。捕手として生き残るために弱肩の改善が必須と気付く。

練習の虫になった。「肩を壊すから重い物を持ってはいけない」と言われた時代、醤油の一升瓶に砂を詰めてダンベル代わりに筋力強化した。遠投にも取り組んだ。すると2年目、2軍で全試合出場。3年目には1軍で正捕手の座をつかむ。「1軍に上がった選手などいない」と言われた「カベ」としては、異例の大出世だった。

「心が変われば人生が変わる」。冒頭の言葉を端的に表現した言葉。それを体現してきたからこそ、東北楽天監督になってからも12球団合同トライアウトで、戦力外の憂き目を見た選手たちの内面まで探り見ようとした。

「功なき者を集めよ」の信念もあった。実績ある選手は成功した時のスタイルに執着し、苦しみがちだ。投手なら衰える前の球速を忘れられないきらいもある。対して表舞台に縁がなかった「功なき者」には、何とか自分の生きる道を模索し、はい上がろうと必死な者もいる。東北楽天での最たる成功例が、救援投手として活躍した川岸強だった。

川岸は06年オフ、3年間で35試合登板に終わった中日を戦力外になった。ちょうど交際相手と結婚の秒読み段階だった。望みを託したトライアウト受験後、東北楽天から救いの一報が来た。「これ以上ないくらいひたすら泣いて感謝した。家族と自分のためにこれから必死で頑張る」。

東北楽天2年目の08年、54試合4勝3敗3セーブ17ホールドポイント、防御率1・94と花開く。10年には球宴にも出場。12年まで6年間、息長く153試合に投げた。

「とにかく強気。当たって砕けろ、と打者に向かっていく火の玉小僧」。野村監督はマウンド度胸を特に気に入った。持ち味をより生かすため、打者の内角を攻める変化球習得を指示する。川岸は左打者の胸元を突くカットボールなどを身に付けて応え、一時は抑えを任されるまでになった。

お忘れの方もいるだろうが、川岸は入団1年目、07年の本拠地開幕戦に先発した。開始直前に不調を訴えたエース・岩隈久志の代役だった。結果は序盤に大量失点でKOされた。痛み止めでごまかしていた右腕の状態は、手術が必要なほど悪化。2軍落ちまでした。

一難去ってまた一難。川岸はこの逆境に活路を切り開く。「手術すると言える立場ではない」と一生懸命に筋力強化に励んだ。その体が翌08年、中継ぎで台頭する下地となった。「ピンチもチャンスに変えられる」と信じて常に全力を尽くす熱血漢の姿を、野村監督が見逃すわけがなかった。

そう言えば川岸が飛躍し始めたのと、野茂の入団話はちょうど同時期だった。あの後、あの球団幹部にあいさつ代わりに言われた。「何で書かないんだ。地元紙に載ればファンもその気になる。獲得の追い風になったのに。『ノム、野茂師弟コンビ』誕生の集客効果は大きかったはず」。正直、複雑な気持ちになった。

これを思い出すと、野村監督が若手を鼓舞する時、節を付けて言った文句までもが頭に浮かぶ。

「若い時に流さなかった汗は年老いて涙と変わる」。脂汗を流してでも報じる覚悟があれば、あの後どうなっていただろうか。

信なくば立たず

「お前、初めて見るぞ！　どこの会社か名乗れ！　しっかり俺に顔を見せろ！」

野村監督に烈火の如く怒鳴られた。09年秋、野村楽天最終年も大詰め。自分は一応担当3年目だ。いつも通り監督を数人で囲み、三塁ベンチで雑談中。監督の目の前の席で見るからにやる気なくボーッとしていた。それが気に障《さわ》ったのか。「監督に背を向けて選手の練習を見ていました。失礼しました。ずっと振り返ったままの体勢で聞くのがつらいんです」。素直に弁解もできない修羅場の様相。

何日か前、別の記者が同じ席で居眠りしていた。周り全員が彼に冷たい視線を浴びせた。その時でさえ「疲れているんだよ。そっとしておいてやれ」と優しかった監督が、なぜ？「監督、何言ってんですか？　コンちゃんですよ、河北の」。夕刊紙記者が助け舟を出してくれた。

「……ああ、なんだ。怒鳴って悪かったな」。監督が平静を取り戻す。苦笑いして「こそこそメモしているように見えたんだ。いちげんの記者と思ったわ。最近、気が立ってかなわんわ」。

野村監督は雑談を逐一メモされるのをひどく嫌った。試合前くらい頭に浮かんだまま放談したかったのだろう。だから報道陣には言葉を適切に扱ってほしいと願い、寛容さを求めた。

『『信なくば立たず』って言うだろう。人と人とはそういうもの。毎日一緒にいるんだから、俺のことを分かってくれよ」。信頼し合う重要性を説く言葉を「論語」から引用した。

意思疎通に不器用な野村監督なりにオープンに構えた。だからちょっとくらいの不適切表現なら、記者みんながおおらかでいた。毎試合前、約2時間の雑談の要点を記者はメモせず頭にたたき込んだ。監督は「関西と違って気疲れせんわ」と羽を伸ばしてくつろいだ。対話が成立していた。

実際に、妻・沙知代さんの逮捕による辞任で幕を閉じた野村阪神時代は苦難の連続。味のある「ぼやき」が裏目にも出た。

監督が指導に悩んだ若手野手の話。

「なんかやる気なく見えるんだよなあ」。野村監督はこの若手のことを思案していた。不意に昭和40年代のＣＭを思い出しつぶやいた。「見える、見える、ゼブラのボールペン」。インク残量が見えるという文句に引っかけ、異名「ゼブラ」が突然誕生する。虎番記者の格好のネタになった。

記者を介する新聞辞令は野村監督の常套手段。だがこの命名は逆効果だった。「やる気なく見える」と伝えられれば仕方ない面はある。若手には監督の親心は届かなかった。「俺は若い時にやる気なく見られて苦労した。あいつも似ている。誤解されないようにしてほしい」。監督はその若手が置かれた立場を伝えたいだけだったのだが……。

二人は不幸な結末を迎えた。在任中も退任後も、分かり合えずじまい。この若手が期待通りに超一流として開花するのは、続く星野仙一監督の時代にずれ込んだ。

阪神の暗黒期を糧にしたのだろう。東北楽天で5季ぶりに球界復帰した時、70歳を過ぎた野村監督は柔和さを増していた。テレビで勝っても負けても「ノムさん語録」が連日ニュースで紹介された。全国のお茶の間で人気者になった。

それでも就任4年目の09年秋、球団から監督へ契約延長要請はなかった。

新興球団を過去最高の2位に導き、初のクライマックスシリーズ（ＣＳ）に進出する大躍進をした。種をまき、水をやり、花を咲かせるチームづくりは最終段階。5年目の王座奪取を視野に「風雪五年だ」「念ずれば花開く」と願った。そこではしごを外された。無念の極み。やり場のない怒り。それが「怒鳴り事件」で暴発した。

「楽天なんか、監督しなければよかった。阪神もだが、下地づくりの現場監督ばかりやらされて、優勝は後の星野がいいとこ取り……」。生前最後に会った時もぼやいていた。そして20年2月、他界した。

「人を遺すを上とす」と言った通り、野村野球の遺伝子を東北楽天に残した。田中将大投手はチームのかがみの存在だし、渡辺直人や永井怜は今やコーチとして、石井一久監督を支える。

選手と記者。立場は違えど、野村さんの薫陶を受けた。亡くなって以来、自問してきた。「ノムさんが残そうとした教えは、一体誰が語り継いでいくのだろうか？」と。

「理想に向かう現実に苦しむからぼやくんだ」。監督はこう言った。思えばあの長い日々に、念仏

初のクライマックスシリーズ進出を決めた西武戦後、クラブハウスで祝杯を上げる野村監督と選手たち。（09年10月３日、クリネックススタジアム宮城　写真提供：河北新報社）

のように何度も何度も同じようなぼやきや思い出話を聞かされた。それこそが波瀾《はらん》万丈の歩みそのものを凝縮した哲学だった。

しかし当時は選手評や名文句ばかりを面白おかしく書いてしまった。語録を借りれば「バッカじゃなかろかルンバ」だ。だからノムさんの物語を書き続けている。このご時世、少しでも「世のため、人のため」になれないかと思う。今に通じる普遍的な人生訓を語録に探している。「信なくば……」を求めるようで心苦しいが、お願いがある。もしこの本の読後に心に残る何かを感じた時は、別の方とＳＮＳなりそれぞれの方法で思いを分かち合ってほしい。みんなで語録を思い返す「恩送り」こそが「恩返し」になるだろう。１００敗近くしたあの低迷期に野村さんが東北に心血を注いでくれなければ、今があったか分からないのだから。

かがみになれ

13年11月2日。東北楽天は初進出した日本シリーズ制覇に王手をかけ、東京ドームから戻ってきた。第6戦先発はこの年31戦無敗のエース田中。誰もが王座奪取を疑わなかった。決戦の地・Kスタ宮城（当時）のみならず、地元はお祭り騒ぎ。世の中は忘れているが、04年に球団の新規参入が承認された日だった。私も「日本一でダブル記念日になる」と胸躍らせて出社した。

しかし割り当てられた取材は、同時刻の男子バスケットボールbjリーグ（当時）仙台89ERSの本拠地戦だった。スポーツ部の外勤記者は総出で野球取材。「野球に回るバスケ担当の代わりだ」と言われ、いかにも不満そうな私を見かねたのだろう。人望のある内勤の先輩が「俺も手伝う」と同行してくれた。

会場はもちろん他社不在。結果は仙台が力負けで泥沼の連敗。先輩と2人で「何を書くか」と悩んだ。そこに汗だくのまま現れた志村雄彦《たけひこ》主将。いきなり切り出した。

「日本中が楽天に注目している日なのに、わざわざ自分たちのために2人もお越し頂き、本当にありがとうございます。せめて勝利をお見せしたかったのですが、申し訳ありません。あしたこそ勝ちます。懲りずに取材に来てください」

2人とも圧倒されて「は、はい」。「こんな日のバスケ記事なんて読む人いるのか」とやる気のなかった自分が恥ずかしくなった。

彼は疲労困憊《こんぱい》。負けて悔しいはずだろうに、直角に腰を折り、深々と頭を下げ、初めて会うおじさん2人をおもんぱかった。「神対応」が自然にできてしまう姿に「地元みんなに応援してほしい」とチームの先頭に立つ使命感が漂った。

「かがみになれ」。野村監督が中心選手たちに願ったように、組織に尽くす模範生の一面とはこういうものなのだろう。田中が神格化されるであろう日に、ふと岩隈久志投手を思った。監督は期待の裏返しから初代エースに異常に厳しかった。

「チームよりも我が身優先。岩隈は近鉄のあしき伝統を引き継いでいる」。東北楽天の前身、近鉄を例にぼやいた。

野村監督が現役時代の1970年代後半、近鉄は阪急（現オリックス）と優勝争いのさなかだった。エース・鈴木啓示《けいし》の救援起用を切り札に勝ちたい試合、マウンドにその左腕は現れなかった。確かに前戦で先発完投した。だが大車輪の働きでチームの勝敗を背負うのが当時のエース像。

不思議に思った野村さんは西本幸雄監督に聞いた。「一番信頼できる投手をなぜ投げさせないのですか？」。監督は「本人が嫌だと言うんだ」。鈴木にも聞くと、返答にノムさんは絶句した。「無理をしてけがでもしたら誰が責任を取ってくれるんですか」

個人主義の投手を伝える逸話の最後、野村監督は決まって断じた。「それが弱小球団のエース。だから近鉄は一度も日本一になれなかった。うちも岩隈が近鉄出身で、似たような調子。だから強くならない」と。

野村監督は「マウンドを守り通すのがエース」と信じた。完投を期待する展開で「そろそろ球数が……」と降板を願う岩隈が物足りなかった。肘や肩の状態に敏感な様子を「ガラスのエース」と頻繁にやゆした。

岩隈は22歳の2003年から2年連続15勝。出世が早かった。球界再編騒動の04年末、おとこ気を見せて、近鉄と合併したオリックス入りを拒み、東北に来た。

しかし東北楽天では苦境続きだった。

97敗とどん底にあえいだ05年、唯一勝利を見込める若きエースとして最多の9勝を挙げた。しかし孤軍奮闘が右腕をむしばんでいた。06年1勝。高卒新人の田中が台頭して最下位を脱出した07年は5勝。存在は陰に隠れていった。「何だ、今の自分は」とふがいなさが募り、「悪いものを全部取り出す」と秋に右肘の遊離軟骨除去手術を受ける。

この冬の契約更改会見。それまでどこか浮き沈みがあり、記者を避ける雰囲気があった岩隈が「まだリハビリ中の今、何を言ってるんだと思われるでしょうが……」と不意に心を開いた。

「来年の北京五輪、自分にまだ代表入りのチャンスありますかね？」

銅メダルに終わった04年アテネ五輪の雪辱を果たすべく、08年北京五輪出場を狙った。結局願いはかなわなかったが、同年東北に来た時からの目標、背番号と同じ21勝を挙げる。病み上がりでイニングや球数に制限がある中、1年間、中6日間隔の先発登板を守り通した。

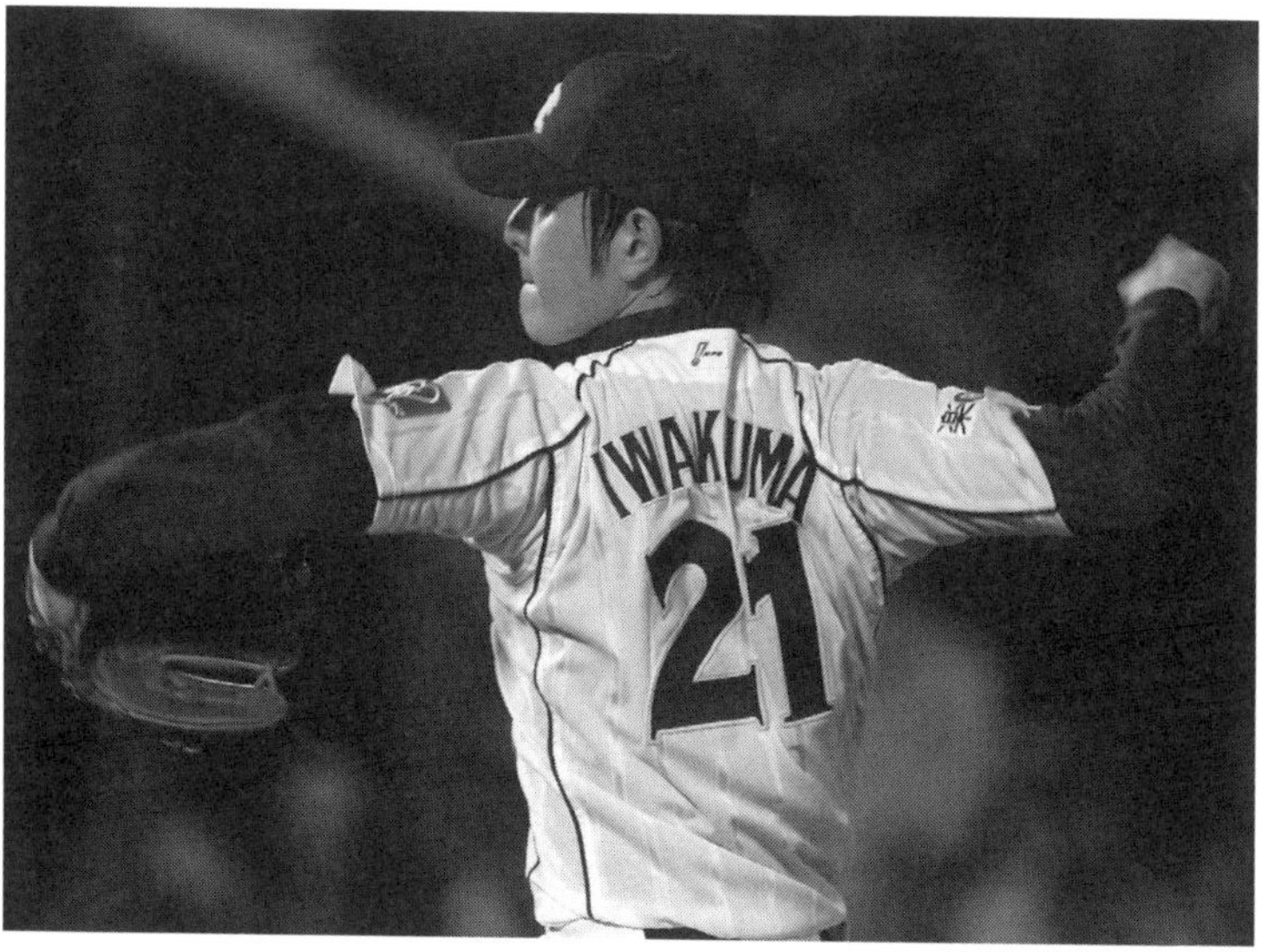

シーズン21勝目を挙げた岩隈投手。最多勝利、防御率、勝率の３タイトルに輝いた。(08年10月５日、クリネックススタジアム宮城　写真提供：河北新報社)

野村監督のぼやきも激励と解釈できるようになっていた。「するべき時には完投する。何より1年間働き、勝利に導いてこそエース」。内なる反論を胸に黙々と背中で引っ張った。

09年ワールド・ベースボール・クラシックでは決勝戦で好投。事実上のエースとして日本の2連覇に貢献する。ＭＶＰに輝いた松坂大輔投手が「ＭＶＰは岩隈君と思う」と言う活躍で。

頂点に立ち、歓喜の渦にいる経験をして、岩隈はもう一回り成長する。

秋、ＣＳ第1ステージを勝ち抜いたセレモニーでのあいさつ。冷静な岩隈らしからぬ興奮した口ぶりで日本シリーズ制覇を宣誓した。「てっぺん目指すの本気ですから！」

日本ハムとの第2ステージ。もう負けられ

ない第4戦も劣勢の展開だった。2点を追う八回のピンチ、ここをしのいだ流れを最後の反撃につなげるべく、野村監督は勝負手を打つ。

「ピッチャー、岩隈」。岩隈は第2戦に125球完投負けした。それでも中1日登板を覚悟し、田中とともにブルペン待機していた。たとえ打たれたとしても、エースが幕引きすべき場面。その思いは見ている者にも伝わった。

最後はスレッジにとどめの3ラン被弾。初の日本シリーズ進出は夢と消えた。

試合後の記者会見場、岩隈は無念の涙を流し続けた。それを見た野村監督は「慣れないことをさせた。いつでも投げると言ってくれてありがたかった」と感謝した。岩隈が「かがみ」になったと感じたように。

それから4年後。

11月3日の第7戦。3点リードの九回、星野仙一監督が主審に投手交代を告げる。「田中や！」。前日にまさかの160球完投負けした田中が、昭和のエースのような救援登板をする。全てを託されて。

間もなく歓喜の瞬間が訪れる。21番の背中を追い、頂点に立った18番の勇姿に、エースの血脈を感じた。

河北新報を味方にできなかった

東北楽天監督最終年の09年秋。当時74歳だった野村さんはいつものぼやき節で、いまわの際への望みを明かした。「優勝した瞬間のベンチで死にたいよ。『監督、さあ胴上げですよ』って迎えに来られて。その時には力尽きている……」。

現役時から日陰のパ・リーグ育ち。巨人の長嶋茂雄、王貞治両選手を「ヒマワリ」と呼ぶ半面、夜に咲く「月見草」と自嘲した。国民的英雄ではなかった分、南海の選手兼監督時から「球団の広報部長」を自任した。東北楽天でも試合前、番記者たちと東北楽天ベンチで毎回2時間以上談笑した。

名選手で名監督。良くも悪くも特別視され、虚勢を張りがちだった。唯一肩の力を抜ける語らいの場だった。話は前日の試合の反省に始まり、高級腕時計談議、「亀のように動かない」長時間睡眠健康法に転じ、果ては「何よ、この着信」と妻・沙知代さんに浮気容疑を掛けられ携帯電話を壊された恐妻自慢……。

野球狂の記者には夢のような日々だった。09年10月、初のCS進出が決定した頃のぼやきが忘れられない。ちょうど球団から契約満了を告げられ、ため息とともに吐き出した言葉。「大リーグには87歳まで監督をした人もいるんだろう。かくありたいよ。でも俺はごまをすって世渡りとかできない」と言った後だ。

「河北新報を最後まで味方にできなかった」

「辞めたくない。『ノムさん来年も』っていうファンの声を集めて追い風を吹かせてほしかった」

とも。実際、若手だった記者の未熟さもあり、監督が願ったようにはできなかった。

CS初進出は球界の通例に当てはめれば続投決定に値する大躍進。そもそも100敗近くした新興チームを引き継ぎ、強くした。なのにCS決定して間もなく「今季限り」との通告。監督は高齢を理由にされ、自尊心を傷つけられた。

「何がクライマックスシリーズだ。俺にとってはくそったれシリーズだ。球団に目にもの見せてやる」。持ち前の反骨心を発揮するというより、もはやむきになっていた。

CS第1ステージ試合直前のミーティング、厳格な監督が突然無念の胸中を明かし、選手の前でむせび泣いた。思いが伝わり、チームは結束した。快進撃は「ノムニーニョ旋風」として日本中の注目を集めた。「日本シリーズまで進めば絶対に続投要請せざるを得ない風向きになる」。監督のもくろみ通りになりつつあった。地元ファンも退任絶対反対の構えだった。

だが監督の願いはかなわなかった。日本ハムとの第2ステージ初戦をまさかの逆転満塁サヨナラ被弾で落とすと、破竹の勢いを失いCS敗退。両軍の教え子たちによる胴上げで最後を迎えた。

すでに記した通り、南海、阪神では夫人が原因で監督の座を追われた。それでも「妻のせいで2度も失職したのは俺くらい」と自慢げだった。本人には知らされなかったが、東北楽天でもマネジャー役の夫人と球団の関係がこじれたのが主な理由だった。夫の実績は申し分なかった。8年を経た17年9月、退団後初めて取材で再会した。だが夫妻にこの話は言えなかった。今頃、2人で笑い飛ばしているだろうか。「何だ、3度目だったのか」と（20年2月12日、河北新報）。

実はこの時には書けなかった余話がある。CSの頃、専属広報の嶌村《しまむら》聡さん（現阪神球団本部長）には「絶対に喜ぶ。監督に話した方がいい」と背中を押されたが、別件で逆鱗に触れたばかりで（本章「信なくば立たず」参照）、言い出せずじまいだった。ある大学生が野村語録「上り坂、下り坂、まさか」（第2章参照）によって転機を迎えた話。

さかのぼること1999年1月。東京都内の大学に通う仙台市出身の男子は、ただぼんやりと卒業を待っていた。就職氷河期、前年にマスコミ各社の就職試験に全部落ちた。いよいよ就職浪人かという状況。

神宮球場などに足しげく通う野球狂。そのあまり就職面接では寝ぼけたことを言っていた。「遠くない将来、プロ野球には絶対に地方の時代が訪れる。仙台にも地元球団ができる。野球記者としてその流れを醸成したい」。2004年の球界再編騒動を経て、東北楽天が誕生するまでは夢物語と思われた。1970年代、ロッテが宮城球場に身を寄せた。日本一の喜びも地元と共有したが、東北を去って行った。その傷跡が残る分、地元球団の復活なんて誰も信じなかった。

不意に実家から電話が来る。地元紙に入社試験の告知が載っていたらしい。追加募集の。両親は「駄目で元々。でも受けてみたら」。前年夏にその会社をあっさり落ちた息子は「受けるだけでも親は納得するだろう」と安易に考えた。

何となく帰省。近くの公園内にある古い図書館へ行き、試験の作文対策をした。とりあえず参考書にあった「道」の題で机に向かったはずが、気付くと仙台市民会館前のコンビニエンスストアにいた。ふと雑誌棚の週刊誌『アサヒ芸能』を手に取る。就職試験で「尊敬する人物」に挙げた人の見出しが躍っていた。

阪神監督就任フィーバー真っただ中の野村克也氏だ。「俺の人生は浮き沈みの連続。『上り坂、下り坂、まさか』だった。人生どこで誰が見ていて評価してくれるか分からない。常に全力を尽くさないといけない」などと書いてある。

大学生もさすがに目を覚ます。図書館へ戻り「『道』を『坂道』にしたら書きやすいかな」と思案しながら、記事にあった野村監督の半生を書いてみた。

そこに大学生が所属した自転車サークルで出場した新潟－東京間の24時間耐久レースの思い出を重ねた。自転車の故障でリタイアしかけたが、仲間たちの支えで奇跡的に３００キロ超を時間内に完走した話だ。最後を「……まさか」で締めてまとめた。

いざ本番。「まさか」が試験会場で起きた。白板に書かれた作文の題目は同じ「道」。作文のできよりも、時の人・野村監督の言葉に説得力があったのだろう。道は開かれた。

それから24年。

ノムさんの物語を書き続けることが恩返しだと勝手に思ってきた。「人を遺すを上とす」と大勢の野球人を育てた監督に向け、前述の評伝では入れられなかったごく私的な言葉をこの文の最後に添える。

「監督、『河北新報を味方にできなかった』わけではないですよ」

第8章

仙台の相棒たち

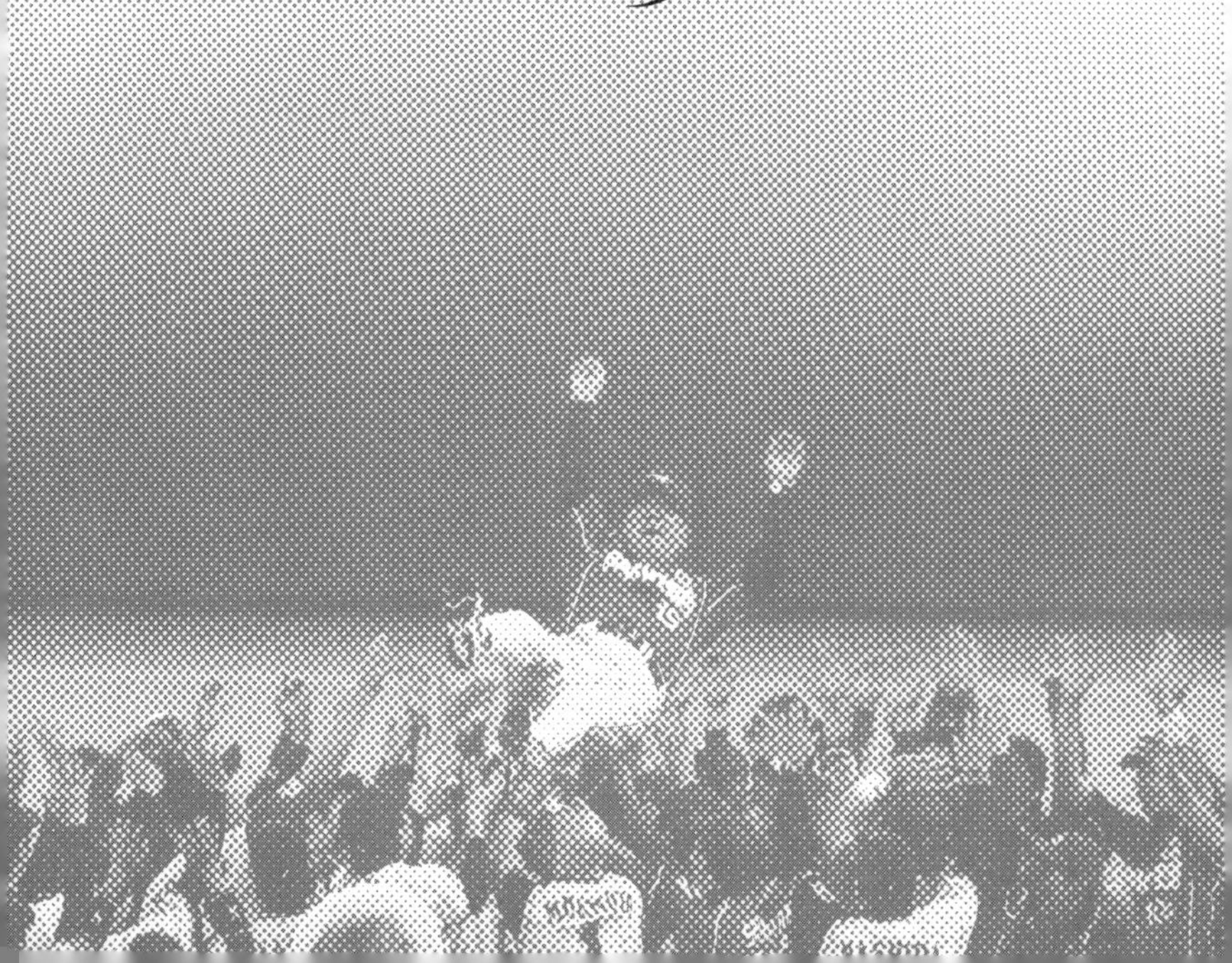

「感謝、感謝、感謝」を最後に11カ月に及んだ連載が終わった。ノムさんの肉声が入った「感謝状」はやはり何かの「しるし」だった（第2章「届いた封筒には……」参照）。程なく「連載を形にしませんか」と本書出版の誘いが来る。あの『アサヒ芸能』の出版社だ（第7章「河北新報を味方にできなかった」参照）。出版に際し、私はノムさんが「遺した人」に会おうと思った。素顔のノムさんに触れた人たちに会い、実像に迫ろうと思った。そして彼らは私を待っていたかのように、記憶の扉を開いた。ここからの取材を通じ、私はノムさんの教えそのものにたどり着く。それは「人は困難を乗り越え、生まれ変われる。運命は自ら切り開ける」という強い意思だった。

三越の腕利きテーラー

「野村監督が来たの？　あっ、そう。じゃあいいよ。出て行く」

菊地さん（55）は泰然としていた。

仙台三越5階紳士服売り場、奥まった場所にあるオーダーサロン。テーラーの菊地さんは生地の裁断をする仕事部屋のカッター室からおもむろに外に出た。

のしのし、ゆっくりと野村監督は歩いてきた。

あちこちのお客から「見て見て、あれ、野村監督」と声が上がる。

「まさか急に野村監督がいらっしゃるなんて。こんな時はハルオさんしかいないと思って」。応対を頼みに来た店員たちもそわそわしていた。

それでも菊地さんは動じない。一言だけ「はいはい」。

勤続30年近い熟練テーラー。「どんなお客が来ても、その人に合った服を仕立てることができる」。職人技には確固たる自信があった。

エグゼクティブの相手にも手慣れたもの。サロンにはそれまでも、東北電力、七十七銀行など仙台経済界で知られた企業のトップが次々と足を運んでいた。

「そのスーツいいね。どこで作ったの？」。彼らは会合があると、あいさつ代わりの会話で「ハルオさん」の名を広めてくれた。「三越に腕利きがいてさ。知らないの？」と。

菊地さんはたたき上げで、立場を築いてきた。

実は、30代後半まで、腕に大した自信はなかった。技術者としても職場で3番手だった。思い起こせば、昭和天皇裕仁が病に伏されていた1988年。不意に転機が訪れた。

「サロンのために、誰か東京の本店に異動して技術を磨いてきてくれないか」

やり手の仙台支店長から、オーダーサロンへ提案があった。しかし、最有力視された先輩テーラーは異動に難色を示す。

数日後、菊地さんと先輩2人、責任者の部長を含めて善後策を話し合う機会があった。誰が異動するか、なかなか結論が出ない。

「差し出がましいかもしれないが……」

菊地さんは遠慮がちに立候補する。

「誰かが本店に行かなくてはいけない状況と察します。ならば俺が行ってきます」

追い越されたような気分になった先輩は怒った。「お前、生意気だ」。

しばらくして部長が言った。「お前、本当に行けるのか？」。

「Hirohito Dead」。昭和天皇の訃報を菊地さんはイギリスで聞いた。本店異動の前に、欧州研修に出てロンドンにいた。背広の語源としても知られるサビルローで本場の仕立てを学んだ。

研修後、帰国。

洋服を作ると、仕上がりへの評価は別人に対してのように急激に上がっていた。

「素晴らしい。さすが本場仕込みだ」

作ったものは以前とそこまでは変わらないのに。仙台店に復帰してからも、菊地さんはトップビジネスマンの用命を一手に担うようになった。

テーラー泣かせの肉体

その頃、頻繁に足を運ぶ有力企業の社長がいた。

昼休みになると来る。洋服を毎回頼むわけでもない。サロンには半個室のような人目を忍べる応接間がある。どう見ても、そこに来たいだけ。

「何しに来てるのよ」と菊地さんは思っていた。

その口にはしない気持ちを見透かしたように、社長はソファにどっかと座って話し始めた。

「俺はさ、会社でいろんな意見を求めているんだよ。でもさ、俺の言葉に『違うでしょ』って言うやつは誰もいないんだ。異を唱えるやつなんていないんだ」

問わず語りは続く。「ただなあ」と。

「ここに来ると、あんたなんかが言ってくれるだろう。『その洋服おかしいですよ』『ネクタイが合ってないですよ』とかって。それを俺は期待して来るんだよ」

当時、自分自身を口べたと思っていた菊地さんは返答に窮《きゅう》しながらも思った。

「仕立ての技術とかに関係ないものが、求められているんだなあ。偉い人と話をする時は、自分の素直な意見を言っても問題ないんだ」

お偉いさんにも平然と対処する話術は、この時身に付けた。


「いらっしゃいませ」

菊地さんは全く臆することなく、野村監督を迎えた。

「おお、スーツを頼む」

初めて話す野村監督はテレビで見るよりももごもごしている。声の響きも低い。

菊地さんはベテランの嗅覚で察知した。「言葉があまり多そうな人ではないな」。

それ以上に印象に残ったのが、体の線だ。

テーラーとして瞬時に身構えた。

「これは簡単な体形ではないな」

でっぷりとしながら上半身はいかつい。「若い頃によほど鍛えたのだろうな」。何より首回りの筋肉が発達しているのだ。にもかかわらず両肩の先端に向かって急激なスロープが描かれている。いわゆる、なで肩。

さらに、捕手だった職業柄からして仕方ないのだろう、猫背だ。そのため、どうしても正面の前身頃が小さいのに対して、背中側の後ろ身頃が大きくなる。

「さて、どうやって動作に問題ない仕上げにするか」。菊地さんは頭をひねった。

確かにイギリス修行以降、しばらくは評判先行だった。しかし技術を磨きに磨き、実力は評判を追いつき追い越した。

仕事が来るほど「できれば楽して作りたい、自分が仕立てに失敗なんてしないだろう」とも思うようになった。「時には人に任せてもいい。要領よくやればいいんだ」とも。

ベテランがゆえに「慣れ」や「慢心」に取りつかれる時があった。

そこに本人は無自覚のテーラー泣かせが現れた。

ノムさんは菊地さんを初心に返らせる。

菊地さんが考えた末に出した結論は、「基本に忠実に丁寧に仕事する」という原点回帰だった。

「これは一から自分の手でやり抜くしかない」

野村監督のための型紙を作り、仮縫いをしてから、本縫いに入る手順を踏んで、万全を期した。スーツが出来上がってきた。いざ納品の日だ。野村監督が袖を通す。腕や肩も自然に動かしている。

「大丈夫だ」

菊地さんがそう思うとほぼ同時に、野村監督がつぶやいた。

「よし」

菊地さんは内心思った。

「あなたのおかげで初心を取り戻しました。ありがとうございます」と。

菊地さんの腕を認めたノムさんはこの後4年間で、32着、約1000万円分の仕立てを依頼することになる。しかしその間、上客と店員の関係に収まりきらない、でこぼこコンビのような日々を過ごすことになろうとは、この時の菊地さんは予想だにしていなかった。

用はないけど、お茶飲もう

あれ以来、野村監督は試合のない休日、頻繁《ひんぱん》にサロンに顔を出すようになっていた。

かつて菊地さんに「あんたは俺に『違う』と指摘してくれる」と明かした社長と同じく、居場所を見つけてしまったのだ。プロ野球監督というよろいを脱ぎ、ほんのひとときでも重圧を忘れられる場所を。

野村監督は昼過ぎに起きて、単身住まいのホテル仙台プラザを出る。宮城県庁、仙台市役所、市民憩《いこ》いの勾当台《こうとうだい》公園に囲まれた定禅寺通りに沿って歩く。目指す場所まで徒歩約300メートル。師走の杜《もり》の都の木々を彩るイルミネーション「光のページェント」会場のケヤキ並木に向かって西へ。最後に9車線ある東二番丁通りの横断歩道を渡れば、三越だ。足腰の弱い野村監督でも10分の道のり。

野村監督は決まって午後2時頃にサロンに到着すると、女性店員に「菊地さん、いる?」と聞いた。閉店の午後7時まで過ごす気満々だ。

「今日は非番なんです」と言われれば、監督は迷わず菊地さんの携帯電話を鳴らした。親友を呼び出す大学生かのように。

野村「おい、出てこいよ」

菊地「俺さ、今日休みなんだよ」

野村「でも来ちゃったもん」

菊地「何か用なの?」

野村「ないけど、お茶、飲もう。待ってる」

菊地「もう仕方ないな。はいはい、今から出て行きますよ」

いざ合流すると、決まって行く店があった。「監督どこにする?」と菊地さんが聞けば、「そりゃ1階だろう」と監督が答える。

三越1階、東二番丁通り側入り口脇にあるカフェ「銀座トリコロール」。

道行く人や車列といった都市の喧騒を横目にできる隠れ家。1階の化粧品売り場からも少し離れて、男2人でも何となく紛れられる空間だ。「コーヒーがおいしい」と言って、監督は必ずケーキも頼んだ。

サロンの応接室にはそもそも給湯設備がない。別の階にある完全個室VIP室はインスタントコーヒーしかない。オープンで密談はできないカフェだが、そもそも聞かれて困るような会話を2人はほとんどしない。

ある土日。

監督は午後4時台にサロンに現れた。

「どうしたの?　変な時間に。デーゲームがあるでしょうが」と菊地さんは驚いた。

監督は「今日はさっさと終わったんだ」としれっと言う。

午後1時に始まって3時半に試合終了したにしても、早い来店だ。球場からだって車で少なくとも15分はかかる。確かに投手戦の展開で早く終わったらしいが。

ここではそれ以上口論せず、いざ「銀座」へ。

入り口付近の座席に着くと、菊地さんは正論を吐いた。

「監督、だめだよ。早く帰れるからってすぐに来ちゃあ。あなたは現場の責任者なんだからさ。試合後にちゃんと今日の試合の反省とか、明日への訓示とかして来るもんでしょう」

監督は子供のように口をとがらせる。

「それは俺の仕事じゃない。だって、そういうのをやるコーチがいるんだもん。いいじゃん」

やりとりが一通り終わった頃。2人の視界の端に家族連れが入ってきた。

若い父母と男の子2人。4人はそろってユニホーム姿だ。見るからに東北楽天ファン。デーゲームを観戦して、スムーズに繁華街まで来た風だ。

「何で自分たちよりも早く野村監督がここに……」

こちらを見て父親は口をぽかんと開けたまま硬直している。

男の子たちも気づいた。「あれ、野村監督だ」。

子供たちにせがまれて、監督はサインに応じざるを得なくなった。見事なペンさばきを見せる横で、菊地さんは笑った。

「ほら、見つかっちゃったでしょ。だから早く来すぎだって言ったじゃない」

マー君の考え

よほど心に引っ掛かっていたのだろう。あまり菊地さんの前で野球の話をしない野村監督が、つい指導の悩みをもらした。

「菊地さん、どうするよ。マー君のことなんだけどさ。『どうしても』って言ってきたことがあって困っているんだよ」

高卒で新人王に輝いたばかりの田中将大投手のことだ。堂々たるエースに飛躍するため、2年目の2008年はどう進んでいくべきか？　野村監督は田中の考えを聞いた。

「ストレートで3球三振を取りたいんです」

田中が言ったのは力の投球だった。これを野村監督はなかなか承服できずにいた。田中が振り出しの頃、頭を小突いて注意したのに、まただったからだ。

剛速球投手として、野村監督の頭に浮かんだのが次の3人。黒田博樹（広島）、川上憲伸（中日）、ダルビッシュ有（日本ハム、いずれも当時）だ。だが野村監督には、その方向性は田中の進むべき道には思えなかった。

「確かにマー君も球は速い。でも3人のような剛速球じゃないんだ。黒田、川上、ダルビッシュに比べたらまだ体も出来上がっていない。俺はマー君はコースを突いて勝ち投手になる方向を目指せと言っているんだけどさ。結果的に三振を取ればいいって」

言いたかったのは制球重視だった。

しかし田中はまだ若い。19歳だ。08年の野村監督は田中の意欲を買って剛球志向を認める。

その結果、大リーグ移籍前の7年間で唯一2けた勝利できずに終わった。

腰痛や肩痛にも悩まされ、日本代表の一員として北京五輪を戦うなど奮闘した1年だったとはいえ、シーズン9勝の結果はやや物足りない数字だった。

監督は翌09年、田中に制球重視を説くことになった。

月見草人生

「王や長嶋はヒマワリ。俺は日本海の野に咲く月見草だ」

かつて日陰の存在を自称した野村監督だが、この頃はもはやプロ野球界の顔になっていた。

もちろん三越仙台店にとってもＶＩＰ。そのはずだった。しかし菊地さんは、家族に対してのように遠慮なく野村監督と会話する。

野村監督は、三越の従業員に個人的に求められると「月見草人生」と書いたサイン色紙をプレゼントした。たいがい脇にいる菊地さんに向かって、ちょっとした自慢話を始める。菊地さんは厳しい奥さんのように、きつめの返答をした。

野村「俺さ、月見草だろう。だから以前、作詞家の山口洋子さんにお願いしてさ、『俺の花だよ月見草』ってＣＤを出したことあるんだ。あの曲、聞いたことある?」

菊地「ありません、聞くつもりもありません」

野村「いい曲だから、聞いてみてよ」

菊地「もう一回言っておきますけど、聞くつもりはありませんから」

従業員たちは、菊地さんが日常的に歯に衣着せず会話していると知っていた。当然いぶかしがった。

「ハルオさん、本当に大丈夫なの？　あんな口の利き方して。結構失礼なツッコミもしているじゃない」

日常的に聞かれる度、菊地さんは毎回余裕の表情で返した。

「あの人はね、大丈夫なの。俺は人を見て言ってるんだからさ」

むしろ菊地さんは、野村監督が話してくる内容に、違和感を覚えることがあった。

普通の人ならあまり人に明かしたくないような、幼少期の貧乏話をわざわざ話し始めるのだ。

それを一通り聞くと、監督はスッキリする。そこで菊地さんはいつも決まってくぎを刺した。

菊地「俺が話を振ったんじゃないからね。監督が勝手に言い始めたんだから」

野村「ああ、分かっとるわ。俺さ、言っちゃうんだよ」

具体的にはこういう内容だ。

「月見草」の原点そのもので、運命を変えた最初のエピソード。野村監督は毎回「兄貴にはどうやっても返しようのないくらい恩があるんだ……」と回想して語り始めた。

戦争で父・要市さんを失って数年後。京都府の丹後地方にある網野町（現京丹後市）で、母、兄と暮らした中学3年の野村克也少年は、プロ野球選手を目指すため、どうしても高校進学したかった。母・ふみさんは地元の紡績《ぼうせき》会社に就職させたい。2人の意見は真っ向から対立した。

母「中学を出たら働きに出てもらうよ」

克也「嫌だ。それじゃ、俺の将来はちりめん問屋の番頭さんじゃないか。そんなの絶対になりたくない」

そこに助け船を出してくれたのが兄・嘉明さん。

「克也は高校に行って野球部に入ればいい。ちりめん問屋に行かなくていいんだよ」

その後、弟は地元の峰山高に進学。兄は大学進学を路線変更して就職する。

菊地さんにこの話をした最後、必ず野村監督は強調した。

「あの時、兄貴の言葉がなかったら、俺は番頭さんだったんだぞ」

野村監督の身の上話は止まらない。今度は貧乏の悲哀を嘆く。

「おふくろと親戚の家にお金を借りに行ったんだ。歩いて一山越えて。でも結局貸してくれなかった。だんだん夜になってきて暗い山道をとぼとぼと歩いて帰ってきた。こんな思いをするのは嫌だなと本当に思ったよ」

ここでしんみりとは終わらない。

今度はお金に振り回される人間の愚かさを語る。

「それから後、俺がプロに入って大きな金が入った時だったよ。その親戚が『100万円貸してくれ』だって。世の中って、そんなもんなんだよ。お金だけじゃないんだけど、あれば何とかなるの。

ないとどうしようもなくてなあ」

やっと話が締めくくられると、菊地さんは思った。

「何でこの人、こんなにも自分をさらけだすのかな」

別の日、野村監督は一変して成金風情だ。

装飾がたくさん付いた腕時計を見せびらかしてきた。スイス製で1000万円以上するらしい。

菊地さんには仰々しい文字盤が「ひん曲がっている」としか見えず、良さがさっぱり分からなかった。

菊地「そんなの持ってて、何すんの？」
野村「何すんのって、プレゼントでもらったんだ。家に10個くらいあるからさ、お前に1つやるか？」
菊地「いらないよ。そんな曲がってるんだかした文字盤の時計なんて。身に付けられない」
菊地さんは高級品を受け取ったことは一度もなかった。
手元にあるのは、あの「月見草人生」のサイン色紙だけだった。

ススキノのママをめぐって

「あんたが付いていてどうしてこういう問題が起きるのよ。何かあったら早くわたしに報告しなきゃ駄目でしょう」

ある時、菊地さんは野村監督の妻・沙知代さんに説教を食らった。

もちろん、菊地さんにこれっぽっちも非はない。

何だか沙知代さんには、監督の監視役を求められているかのようだが。

菊地さんが勤務を終えて自宅でもう寝ようかと思った頃。午前0時が近づいていた。見知らぬ「03」の市外局番から菊地さんの携帯電話に着信があった。それも2度。不審に思ってかけ直すと、沙知代さんがものすごい剣幕でいた。ひたすら一方的にまくし立てられる時間に耐えるしかない状態。

でも心当たりはあった。昼間にある出来事が。

いつも通り、サロンに来た監督はシャツなど洋服代を支払おうとした。「じゃあ、これで頼む」とクレジットカードを差し出す。

「はいはい、分かりました」。いつものあうんの呼吸。だが菊地さんが決済用端末にカードを差し込んでも、なぜか処理できない。

「監督、何だかカードが使えないよ。現金ないの、10万円だけど」

監督は沙知代さんによる管理下にあり、会計は基本的にカード。それでも何とか請求額は財布にあった。

「監督、使用限度額がオーバーしているみたいだね。何したの？」

億単位の稼ぎがある人だ。10万円、20万円の買い物で利用停止になるはずがない。監督はしばらく知らんぷり。しかし帰りしなにぽつりと明かす。

「実はな、こないだの札幌遠征の時に、ススキノのママを定山渓《じょうざんけい》温泉（北海道札幌市）に連れて行ったんや。その時に時計をプレゼントしたんだ。３００万ちょっとだったか」

合点がいった菊地さん。「それでしょう」。

だから沙知代さんからの深夜の電話も想定内ではあった。

主題は限度額についてだった。幸い夫人にススキノのママの存在は感づかれていない様子。

「これから何かあったら、きちんとわたしに言って頂戴。まあ、もう限度額も外してもらったんだけど。さっきカード会社の重役さんに電話してお願いしたわよ」。彼女はそう言い残して電話を切った。

後日。

監督の携帯電話が新しい物に代替わりしていた。

二つ折り携帯電話が逆向きにぽっきり折られたらしい。

「サッチーが怒っちゃってさ。あいつ、なぜだか俺の行動が分かるんだよ。尾行されているんじゃないかって思うよ」

監督は支払い履歴が残ることを知らないらしかった。

どうやら定山渓温泉の件は夫人にばれてしまった模様だ。

「俺、機械は苦手だから、頼むよ」

菊地さんは少しあきれた顔で新しい携帯電話を受け取ると、ススキノのママの携帯番号を登録してあげた。

沙知代さんのリード

菊地さんは日に日に野村監督のペースに取り込まれていた。国分町の横町に行きつけの高級ステーキハウスがある監督が、「たまには別の店に行ってみたい」と始まった。

野村「おい、肉食べたいな。どこか連れて行ってくれないか」

菊地「どこでもいっぱいあるでしょう。好きなところ行けばいいじゃない」

野村「だって分かんないもん。2人で行こうよ」

何となく菊地さんが監督を自腹で招待する流れになっている。仕方なく官庁街の裏通りにある隠れ家的なステーキハウスを探し出し、個室も手配した。

店主からも「上質な肉が入った。これなら喜んでもらえるはず」といい知らせがあった。ただ1人前1万8000円という。安い焼き肉店しか行った経験のない菊地さんは目玉が飛び出そうになった。

当日夕方、携帯電話に野村監督から連絡が来た。

「まずいことになってさ。急にうちの奥さんが来るんだって。今、新幹線。食事、一緒に行ってもいいか」

菊地さんは拒むわけにもいかず、店主に電話した。「1人追加で」。

ほどなく監督から再び電話が来た。

野村「ついでに息子の克則一家も行きたいって言うんだけど、いいか?」

菊地「さすがにそれはだめに決まってるでしょ」

野村「何だよ、会社の経費なんじゃないの?」

菊地「そんな領収書が落ちるわけないでしょう。分かってよ、俺が自分のお金で招待しているんだよ」

なんとかかんとかステーキハウスへ。個室に着席。3人による会食は和やかに始まった。

ホスト役の菊地さんは切り出した。

「それにしても、試合後の監督語録って面白いですね。よくぽんぽんと頭に浮かんできますね」

すると沙知代さんから驚きの事実が明かされる。

「あれはね。わたしが教えているの」

菊地さんは当然驚く。「そうなんですか?」。

彼女はまくしたてるように続ける。

「そうなのよ。必ず毎回電話しているの。『今日はこういう風にお話しなさい、そうすればウケる

「あれはね、わたしが教えているの」試合後の野村語録について沙知代さんは言ったという。（写真提供：野村家）

から』って。念を押して言っているのよ」

菊地さんは聞いてしまってよかったのだろうかとさえ思った。

「わたしは監督お一人で、自分の考えで言っているとばっかり思っていたので……」

沙知代さんの脇でたじたじの野村監督。

「いや、俺の言葉だよ」と言ってはいるが、どうやら100％ではない風だ。

試合後の会見を前に、沙知代さんが電話口でプロデューサーとして助言しているのは間違いなさそう。菊地さんはそんな印象を受けた。「いろんなところで沙知代さんがリードしているんだな」と。

食事会は終始、沙知代さんの独壇場。いざ店主お任せのステーキが配膳された。ジュウジュウと鉄板のソースは沸き立ち、肉の香りが個室の中に充満していく。

そこで沙知代さんは再び菊地さんを驚かせた。

「ヒレ肉じゃないから、わたしは食べない。あんたも食べちゃだめよ。脂身が付いているじゃないの」

監督は指示に従うように黙ったきりだ。

そろって手を付けないまま、合計3万6000円の高級肉はむなしく冷めていった。

翌日。

菊地さんと野村監督は反省会モード。

菊地「監督、なんで助け船を出してくれないんですか?」

野村「悪かった。でも言ったってどうしようもないんだ。ああなったら聞かないんだ」

「ああそうですか」。菊地さんはただ短く投げやりに返答した。

歩くと右の方に曲がっちゃうんだ

野村監督が初めてやって来た時から、菊地さんは気になっていたことがあった。いつもの喫茶店で何気なく聞いた。

「監督さ、何だか斜めになって歩いてるよね。大丈夫?」

野村監督は後頭部を指さした。

「ここを見てみろ」

菊地さんがのぞき込んでみると、刈り上げられたあたりに一文字の傷跡がある。

「前に手術したの。腫瘍があって。だからさ、歩くと右の方に曲がっちゃうんだ、俺」

監督は重大な闘病経験をさらりと明かした。

そう言われると、ますます心配になる菊地さん。

「何だよ、じゃあここでお茶飲んだらば監督のホテルまで一緒に帰ろう。そうしよう」と切り出す。

必要以上に年寄り扱いされることを嫌がる野村監督。

「いい、1人で帰る」

それでも午後7時の閉店時間になると、2人は時々寄り添って歩いた。

9車線の長い横断歩道を渡って、ホテルまでの約300メートルを。

到着すると、菊地さんは決まってホテルマンにあいさつ。「お連れしましたんで、よろしくー」

最後通告

ペナントレースが佳境を迎えた09年10月。

野村監督はいつも通り、三越1階の銀座トリコロールで菊地さんとお茶していた。

その時、監督の携帯電話が鳴った。

「分かったよ。今三越にいるよ。あい、あい」

監督は明らかに不機嫌そうに電話を切った。虫の居所が悪い時、いつもはゆるく発音する「はい」が「あい」になる。力が入っている分、発音が少し濁る。

携帯電話から漏れ聞こえた相手の声から状況を察するに「これからお会いしたい」と言われたらしい。

どう考えてもいい話ではない。菊地さんは直感した。

「これは最後通告だ」

野村監督はちょうど去就が取りざたされていた。

東北楽天は04年の球界再編騒動の末誕生。1年目の05年は寄せ集め集団の下馬評通り100敗目前と低迷した。田尾安志監督はたった1年で退陣を余儀なくされた。火中の栗を拾って就任したのが、球界を離れて丸3年の野村監督。2年目の07年に球団初の最下位脱出を果たして4位に。09年は初めての2位に牽引してクライマックスシリーズ（CS）初出場。田中将大投手、嶋基宏捕手とチームの将来を担う人材の育成にも目鼻を付けた。

菊地さんは少し前に監督職への執着を聞いたばかりだった。「俺にはまだここでやらなきゃいけないことがある。もう1年あればしっかりとした土台が出来上がるんだ」。

ムッとした顔で電話を切った野村監督は一息つくと、菊地さんに言った。

野村「今から、楽天本社のやつが来るんだってよ」

菊地「こんなところにお迎えして大丈夫？」

野村「いいだろうよ」

菊地「なら、いいんですけどね」

そうこうしているうちに、店の前にビジネスマン２人がやって来た。楽天野球団の会長でもある三木谷浩史・楽天社長からの使者だ。

頭を下げてあいさつしてきた２人を、野村監督はぶっきらぼうに対応する。

「あい、あい」

横から菊地さんが「やっぱり、私は席を外しましょうか」。監督は「いいんだよ、聞いていいの」と語気を強める。

雲行きの怪しさを感じた菊地さんは切り出した。

「まあ、座っていただいて、お茶でも頼みましょうか」

沸点に近い野村監督はぴしゃり。

「いいの」

やはり母音は濁っている。

「帰るんだから、この人たち」

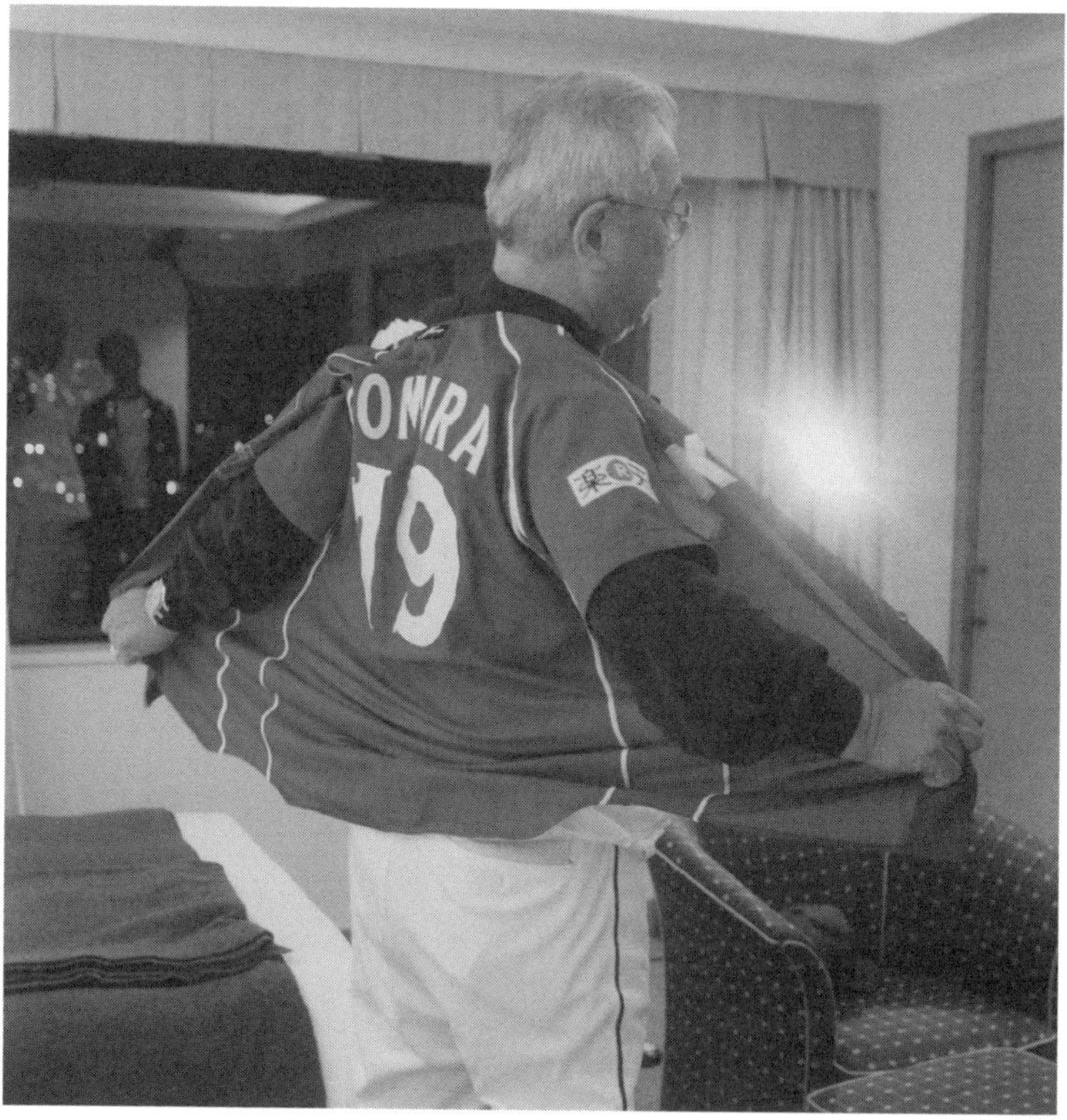

2位躍進を達成するも東北楽天からの続投要請はなかった。宿舎に戻り、最後のユニホームを脱ぐ野村監督。(09年10月24日、札幌市内　写真提供：河北新報社)

怒気を隠さない。
使者2人もさすがに困惑の表情を隠せないながら、使命を果たそうとする。
「三木谷から預かって参りました」と差し出した封書には、「親展」と書かれていた。
野村「じゃあ、預けて。この人に」
菊地「いやいやいやいやいや、俺ですか」
野村「……」
菊地「じゃ、じゃあ、わたしが」
菊地さんは仕方なく親書を受け取り、そそくさと帰る使者を見つめた。

「よし、ちょっと腕時計でも見よう。時計売り場に行こう」

野村監督の言葉に任せて、2人は7階時計売り場へ移動した。しかし、監督は全く時計を見る気がない。

小さないす2脚を見つけてそれぞれ腰掛けると、野村監督は切り出した。

野村「じゃあ、いいよ菊地さん、封筒を開けて」

菊地「あのさ、監督。ここに書いてあるでしょ、『親展』って」

親展とは宛名の本人に開けてほしいという意味だ。

「しかも三木谷さんの名前が書いてあるじゃない、ここにさ。監督、お願いだよ」

野村「いいんだよ。菊地さんが開けてくれ。中に書いてあることなんて、大体分かっているんだ。だから、はい開けて。読んで、さあ読んで」

菊地「そんな訳にいかないよ。監督、お願いだから」

押し問答の末、野村監督は腹を決める。

目を通した後の監督の顔には、「俺もこれまでか」と書いてあった。

菊地さんの目にそう見えた。

「名誉監督のポストを用意しているから、やめろってよ」

監督は「ほら、読んで」と再び親書を突きつけた。再度固辞した末に、菊地さんも目を通した。

横で野村監督の熱量が急激に下がっていくのを感じた。

野村監督は手紙をしまうと、一人三越を出た。とぼとぼと右に傾きながら、横断歩道を渡っていった。

名物テーラーの転機

退任が球団の基本線と悟った野村監督。10月16日からソフトバンクを相手に本拠地・クリネックススタジアム宮城で初開催されるCSを目前に、なにくそ魂を燃やしていた。「初めての2位に躍進したのに続投要請がないなんて球界の前例にはないこと。こうなったら日本シリーズまで進んで、球団を困らせてやる」。

同じ時期、対する菊地さんも、くしくも先行き不透明な状況にあった。三越伊勢丹ホールディングス（ＨＤ）は8月の取締役会で、仙台店など地方7都市にある直営店舗を翌年4月から分社化すると決めた。

長引くデフレ不況による消費者の低価格志向を背景に、百貨店業界は売り上げ不振が続いた。三越伊勢丹ＨＤも、09年4～6月期連結決算は、純利益が前年同期比49・7％減の38億円、売上高も13・5％減の３０６２億円と低迷。既に百貨店激戦区の池袋店を閉店するなど立て直しに入っていた。

東北にも強い逆風は吹いた。東北最大級のショッピングセンターとして07年2月にオープンした「イオンモール名取エアリ」内の三越名取店が、不採算店舗として09年3月1日にわずか2年で閉店に至った。

仙台店は分社化で独立経営の「仙台三越」となる。その前に組織のスリム化が始まった。狙いは人的コスト削減だ。09年11月以降、社員約550人のうち40代後半から50代後半の約100人が早期退職に応じた。

菊地さんは60歳まで残り2年。異動のない専門職としてサロンに在籍して30年以上が過ぎていた。多くの要人を納得させてきた名物テーラーとして転機が訪れていた。

09年も終わりを告げようかという頃、仙台店の幹部に呼び出され、選択を迫られた。

「今までの給料の半分程度なら出せますが……」

大幅減給か、退社かの二択だ。

即答は避けたが、執着は思ったほどなかった。

「そこまでして残るつもりもない」。10年1月に三越を去る。

どうして俺に言わなかった

野村監督は日本ハムとのCS第2ステージまで進んだものの、敗退。東北楽天での監督生活を終え、名誉監督就任を受諾した。

翌10年春、名誉監督として久々に仙台を訪れ、時間を見て三越へ。足取りを懐かしみながら、5階のオーダーサロンに到着すると、毎度のように言った。

「菊地さん、いる？」

女性店員の返答はいつもとは違った。

「菊地は1月に退社いたしました」

何も知らなかった野村監督。湧き上がる菊地さんへの思いをこらえきれず、電話を掛けた。

野村「どうして俺に言わなかった」

会っていたら、胸倉を摑まれていたかもしれない。それほどの語気だった。

菊地「だってリストラに遭っただなんて、言えないでしょうよ」

野村「お前って冷たいやつだな。俺だって次の職場を探して、いろいろ口を利いてやる先とかあったのに」

野村監督は職場こそ違えど、菊地さんのことを同志のように思っていた。

対して菊地さんには、監督にお願いしてまでテーラーの仕事を続けたいという執着はなかった。

「あの電話が最後の思い出になっちゃったかな」。菊地さんはここまでの話を3時間、駆け抜けるように回想した。10年以上も前のことなのに、昨日のことのように、やりとりした言葉や温度感まではっきりと。監督の口まねも交えて喜々としていた。それほどに野村監督と過ごした時間を宝物のように思っていた。「やっぱり初心に戻してもらったしね」。

取材に訪れた私は正直、ここまで話してもらえるとは思っていなかった。菊地さんは忘れているだろうが、実はあの頃に一度取材を断られたからだ。「俺のことはいいから。余計なことを言っちゃう」と。かつて彼が球場へ足を運んだ時だ。

昼食時を挟んでもう午後2時過ぎ。さすがに長居を申し訳なく思い、おいとましようとした瞬間だった。

菊地さんの記憶の扉がまた一つ開いた。突然、思い立ったように切り出す。

「俺と監督の思い出なんて、正直どうだっていいんだ。せっかく本を出すんだ。この機会にもう一度、〝あの人〟のことを世の中に紹介してやってくれないか」

私に口を閉ざしたあの日、菊地さんは野村監督と二人で、ある女性にスポットライトを当てたのだった。

車いすの彼女

08年夏、三越の従業員食堂。従業員は時間帯を区切って交代で昼食を取る。菊地さんのランチタイムは少し早め、午前11時半からがお決まりだ。食堂に着くと、何だか見慣れない女性従業員がいた。

どこからどう見ても1階化粧品売り場にいる美容部員風で、華やかだ。しかしなぜか車いすに乗っている。

「こんな人、三越にいたっけ？」

そう思いつつ菊地さんは、配膳トレーを持って近づいた。

50代の他部署のおじさんに突然声を掛けられて嫌がるだろうなと思いながらも、軽い気持ちで職場を聞いてしまう。

「わたしは5階紳士服売り場なんだけど、あなた、どちら？」

「はい、1階の宝飾です」

1階アーケード側入り口、ライオン像近くにある高級装飾品店だ。三越の看板とも言えるエレガントなわけだ。その半面、語り口は庶民的な親しみさえ感じさせる。

彼女のネームプレートには「沼田早苗」と書いてあった。

聞けば、仙台市出身で地元の専門学校を出て、21歳で就職して3年目だという。

それから何度も食堂で会うようになった。徐々に身の上話もしてくれるようになった。

ある時、彼女は6歳の時から筋萎縮性側索硬化症（ALS）を患っていると明かした。

「電動車いすに乗っているのはそういう訳なんです。最近調子が悪くなってきて、職場に使用許可をもらったんですよ」

「わたし、最近野球をすごくよく見るんですよ。この間も、取引先から特等席を譲ってもらったんです。職場の同僚たちと楽天の試合を観戦に行って……」

早苗さんは球場最上階にある貴賓ルームで同僚たちと撮った集合写真を見せながら、東北楽天のファンだと明かした。特に売り出し中の「マー君」田中将大投手がお気に入りらしい。

それからというもの、菊地さんに親心が芽生え始める。それは日に日に強くなっていった。一つのアイデアを思いつき、野村監督に相談してみることにした。

「おう」。いつものように野村監督が5階紳士服サロンに顔を出すと、菊地さんは切り出した。

「今日はお願いがあるんだ」

野村監督は身構えた。

「おい、急になんだよ」

それはそうだ。目の前で緊張感のある顔をしている。「どうしても頼む」とも書いてある。何か願い事をしてくるどころか、1000万円以上の高級腕時計を「1個いるか」と言ってやっても「いらないよ」とそっけない男が、今までになく低姿勢なのだ。監督は菊地さんの言葉に耳を傾けた。

「何かというと、監督の力でできることなんだ。楽天の試合で、ぜひ始球式に使ってほしい人がいる」

菊地さんは車いすの彼女のことを伝えた。「これから病気がどんどん進んでいったら、ボールなんて投げられなくなるかもしれない。今のうちにいろんな経験をさせてあげたいんだ」

「分かった」。野村監督は球団に掛け合うと約束してくれた。

球団のOKが出た

野村監督は紳士服売り以外に、ブティックにも出没していた。

早苗さんはぼんやり思っていた。「野村監督、うちの店にも来ないかなあ、一回くらいお話ししてみたい」

すると本当に野村監督が来た。

いかにもぶらりと来た感じだ。驚く店頭の同僚たち。普段と違う空気を感じて、事務担当の早苗さんも店の奥の方から出てきた。

野村監督は車いすの早苗さんを見つけると、声を掛けた。

野村「あなた、何かの病気なの?」

早苗「はい、全身の筋肉が徐々に動かなくなっていく病気なんです。発病して5年くらいで亡くなる人もいます」

野村「そうか、大変なんだな」

野村監督は、ますます早苗さんのことが気になり、突っ込んだ質問をする。
野村「それで、彼氏はいるのか？」
早苗「はい」
野村「どんな人なの？」
早苗「大学までずっと野球に打ち込んできた人です」
野村「それはいいいな。お互い、大切にしなくちゃいけないよ」
早苗「はい」
野村監督は結局、ウインドーショッピングだけで帰って行った。早苗さんには、何となく面談を受けたような感覚が残っていた。

09年の初夏。野村監督は上機嫌で紳士服サロンを訪れ、菊地さんに伝えた。

「おい、球団のOK出たぞ」

始球式が7月8日のロッテ戦に決まった。

「球団の担当者も付けるから、当日の段取りとかさ、菊地さんがいろいろと指示をしてやってくれよ」

吉報をもらった菊地さん。うれしい半面、一気に演出担当になってしまう雲行きを察知した。

「俺、そんな立場になれる人間じゃないでしょ」と反論する。自分は黒子役だと思っていたのに。

だが監督も引かない。

「あんたが言ってくれたから、こういういい話が進んだんだからさ、頼むぞ」

自分から言い出した話だ。菊地さんはもうやるしかないのだろうと覚悟を決めた。

思い通りに動かなくなっていく

「わたしはいつまで生きていられるの？」

早苗さんは数え切れないほど自分の体に問い掛けてきた。将来を夢見ることなど無縁の少女時代だった。

活発な子供で3歳から水泳を始めた。異変が起きたのは6歳、小学校1年だった1991年だ。学校で徒競走をすると、日を追うごとになぜか順位がどんどん下がった。

運動会の本番を控え、父と一緒に練習を重ねた。

それでも走り方が格好悪くなる。

スピードも出ない。

2人は「努力が足りないのかな」と思っていた。

「ひょっとしたら体に調子が悪いところがあるのかもしれない」。運動会で走る早苗さんの姿を見て、最初に祖母が不安がった。早苗さんと父、母は病院へ行った。両親だけが医師から診断結果を聞いた。

「筋力が衰えていく病気でしょう」。難病のALSだと推定された。乳児がかかり、2、3歳で発症し、10歳くらいまでに亡くなるケースが多いという。

「ほら、わたしがれんしゅうをがんばってなかったわけじゃなかったでしょ」

帰りの車中、早苗さんはむしろほっとしていた。

ふと隣に座っていた母を見ると、すすり泣いていた。

「わたしはたいへんなびょうきなんだ」

早苗さんはどうしようもなく重苦しいものを感じた。

数日後、早苗さんは両親がいない時間を見つけて、ある行動に出る。目指すは戸棚に隠してあるお医者さんがくれた紙だ。「わたしのびょうき」のことを書いてあるはずだ。隠し場所は分かっている。いざ戸棚を開けると、「診断書」と書いた漢字がいっぱいの紙があった。

難しくて、読めなかった。でも分かった。

「やっぱりだ」

何年か大きな異変なく過ぎた。

歩けたし、自転車もこげた。2001年、高校は家から近く、自力で通える私立の女子校を選んだ。

校内にエレベーターがあるのが理由の一つ。足腰はじわじわと思い通りに動かなくなってきていたからだ。

通学の自転車は2年から電動に変え、両親に車で送迎してもらうことも。病気が分かって以来、周囲に持病を明かすことはほとんどなかった。まだALSの認知度がそこまで高くなかった。言ったところで十分に分かってもらえるか、疑問だった。

ある日、早苗さんは高校の校舎内で、いきなり男性の教師に怒鳴られた。

「何でお前だけみんなと違う上履きを履いているんだ！」

高圧的な指導態度に、早苗さんは事情を説明する気になれなかった。「病気で歩くのが大変なので、軽い靴を履いているんです……」とは。

男性教師は無理やり両脚から靴をはぎ取った。彼は非常勤。早苗さんの病気を知る由《よし》もなかった。

「家族以外自分のことを分かってくれる人なんていない」

「普通の幸せなんて訪れないんだ」

「どうせみんなより早く死ぬんだ」

時に自分の将来を悲観視し、自暴自棄な言葉を自分や家族に向けもした。

それでも高校を出て、仙台市内の専門学校に進む。

03年、18歳で自動車の運転免許を取ると、世界が一気に開けた気がした。

「車に乗ればどこにだって行ける」

免許を取り立ての一般の若者より、何倍もの自由度を早苗さんは感じた。自分で運転して友人たちと東京ディズニーランドまで行った。「夢の国」へ大冒険した気分になれた。

専門学校を卒業し、06年に21歳でラグジュアリーブランドに就職した。

それまでは常時車いすに乗るまではなかった。しかし朝9時半から午後6時半までフルタイムの仕事だ。勤務や通勤に伴う移動は思った以上だった。ここから車いすでの生活が始まる。最初は手動だった。

そして運命の男性が目の前に現れる。2歳年上の遠藤元基さんだ。

いっぱい迷惑かけることになるよ

07年6月、早苗さんは夜遅く、高校時代に姉を通じて仲を深めた友人「ミッシー」に電話した。姉らと数人で元基さんの誕生日会をしているという。

「今から連れて帰るから、うちで2次会して、最後は朝マックでもしよう」。3人が早苗さんの住む離れになだれ込んできたのは、午前1時過ぎだった。

当時はやっていたSNS「ミクシィ」で早苗さんも元基さんも互いの存在やプロフィールは知っていた。

カップル誕生させるのが得意なミッシーの仲介もあって、前から知っていたかのような雰囲気で自然になじめた。ミッシーが最後に世話を焼く。

「あんたたち、連絡先くらい交換しておきなさいよ」

彼女の思った以上のスピードで距離は縮まる。1カ月後、2人だけで泉ヶ岳にドライブに出掛けた。

仙台市内の夜景を見下ろしながら、元基さんは交際を申し出た。早苗さんは病気のことを初めて明かす。

早苗「今はまだ人の手を借りれば歩けるし、つらかったら車いすに乗るくらいだけど、病気はこれからどんどん進行していくんだよ。もう死んでいたっておかしくない病気なんだから」

元基「でもさ、小学校で発症して10年以上たって、今まだ元気だろう」

早苗「でも治らない病気なんだよ。本当にいいの？　いっぱい迷惑掛けることになるよ」

元基「いいよ別に。だから何だよ」

最後の言葉に彼女は彼の意思の強さを見た。

「俺、めげないだけがとりえだからさ」

彼のひた向きさを培ったのが、大学まで続けた野球だった。

めげない男

「頼むよ。なんとか大学に行くのを許してほしい。家の仕事は大学を出たら必ずする」

01年、高校球児として最後の夏が終わり、元基さんは両親に嘆願した。当初、高校卒業したら父親の後継者として家業の造園業を手伝う予定だった。

中学時代はシニアチームで全国大会出場。高校は、かつて八重樫幸雄（元ヤクルト）を生んだ宮城県下の強豪公立校、仙台商に進むと中軸打者としてならした。甲子園出場の常連校、宮城では「私学2強」と呼ばれる東北、仙台育英に挑み続けた。

2年秋だった00年の宮城大会。仙台商は準決勝で仙台育英に屈したものの、3位決定戦を制して学校28年ぶりの東北大会に進んだ。

仙台育英は翌春の甲子園に出場し、芳賀崇《はがたかし》投手を擁して準優勝に輝くほど強かった。東北にはドラフト1位でヤクルトに進む150キロ左腕・高井雄平（現東北楽天1軍打撃コーチ、登録名・雄平）が主戦投手として君臨していた。

3年になった01年春の県大会地区リーグ、仙台商は東北、仙台育英を次々撃破。元基さんはこの2つの金星を5番打者として9打数7安打の猛打で支えた。そして最後の夏の宮城大会をシード校として迎える。

しかし、大会前に元基さんは守備練習を徹底しすぎて右膝の半月板を傷める。同じく主力の4番打者と正捕手までも戦線離脱。初戦、仙台商は格下の仙台東に2－3で逆転負け。元基さんはけがを押して代打出場したが、実らなかった。「波乱」。翌日の河北新報は仙台商の初戦敗退をこう報じた。

「だからさ。このままじゃ、俺の野球人生は終われないんだ。分かってくれよ」

いちずな元基さんの熱意に、両親も折れた。大学は仙台商の先輩の誘いを受け、南東北大学リーグに属する石巻専修大に決めた。

4年間で一塁手のベストナイン3度、打点王1度。リーグを代表する強打者となった。

05年、4年生として最後の秋季リーグ。他校も含め就職活動のため4年生の春で引退する選手が多い中、元基さんはリーグ制覇の望みを託してプレー続行していた。

入学以来、東日本国際大に連覇を許してきた。4年春も石巻専修大は8勝2敗で並んだ日大工学部に優勝決定戦で惜しくも敗れた。秋が優勝、その先の明治神宮大会出場を懸けた最後のチャンスだ。

忘れもしない8月19日。翌日に福島県いわき市で秋季リーグ開幕を控えていた。

元基さんは石巻市の大学で最終調整に臨んでいた。試合遠征メンバー入りを告げられたものの、どうにも胃のあたりに嫌な痛みを覚え、練習場脇の駐車場で車にこもっていた。もう耐えられないくらいになり、病院へ。着いた頃には、痛みは下腹部へと移っていた。

「これは盲腸だね」

医師に診断結果を告げられると、元基さんは監督に電話で申し出る。

「あしたは出場無理です。手術になっちゃいました」

直後、元基さんはど根性で次の一歩を歩み始める。

「ただベッドで寝ていたら、体重も筋力も落ちてしまうじゃないか」

手術が終わってから約2時間後に病院内を歩き始め、看護師の度肝を抜く。「こんな人初めてだ」。

手術から1週間後に患部の抜糸がある。それまでは療養は仕方ない。だがそこからが「めげない男」の本領発揮だ。「絶対に開幕3週目からは復帰する」と決意した。

その通りにグラウンドに戻ると、手術後の痛みを隠しながらチームを支える。

10月4日、開幕戦で踏めなかったいわき市平球場は、最終決戦の舞台と化していた。

8勝2敗で並ぶ東日本国際大との優勝決定戦だ。

石巻専修大は2－2で迎えた九回に1点勝ち越して逃げ切った。大学として初の秋季リーグ制覇だ。元基さんは三塁打2本を含む3安打でもり立てた。

そして、石巻専修大は明治神宮大会出場を懸け、東北、北海道のリーグ優勝校6校が争う代表決定戦に駒を進めた。舞台はこの年プロ野球に参入したばかりの東北楽天の本拠地、フルキャストスタジアム宮城。

10月8日。札幌学生リーグ代表の浅井学園大との1回戦、石巻専修大は一回に2点先制を許す。

重苦しい展開で、1番一塁手の元基さんが気を吐いた。二塁打で出塁し、1点差に詰め寄るホームを踏んだ。

しかし、もう1点が遠く、1－2のまま敗戦。大学での全国大会出場を果たせぬまま、元基さんの最後の秋は幕を閉じた。

それから3年半。

初夏、庭師となっていた元基さんは受信した携帯メールに衝撃を受ける。

「まじかよ。どこでどうなるとそんなでかい話になるんだよ」

送り主は彼女の早苗さんだった。

「わたし、楽天の試合で始球式をすることになった。野村監督がキャッチャーで受けてくれるんだって」

大学最後の公式戦からちょうど3年9カ月となる09年7月8日。元基さんは同じ球場の芝を踏むことになった。早苗さんの介助者として。

野村監督がボールを受ける

「よくよく考えたら、始球式ってどういうものか知らなかったのよ。なんかうれしいから『お願いします』って言っちゃったけど。本当にわたしにできるのかな？　今からでも断った方がいいのかな？」

7月8日までのカウントダウンが始まっていた頃、自宅で早苗さんは弱気になっていた。

元基さんは聞き流せず、少しカチンと来て力説する。

「おい、野村監督がわざわざボールを受けてくれることなんて、あり得ないことなんだぞ。今更何言ってるんだよ。事の重大さを分かっているのか？」

隣にいた元基さんの弟が便乗して言う。

「じゃあさ、俺が代わりに投げる。もったいないよ、まじで」

早苗さんは始球式の映像を見てちょっとひるんでいた。アイドルや有名人が軽々とボールを投げる。本職の投手のようにはいかないとはいえ、大概は2バウンドしたくらいで捕手のミットに収まっていた。

対して、早苗さんは硬式野球のボールなんてそもそも持ったこともなかった。

実際に握ると、ずっしりと重たい。聞けばマウンドから捕手までは18・44メートル。上半身の力しか使えない自分に、どうやってその距離を縮めろというのか。

だから早苗さんはむきになって、元基さんらに言った。

「わたしはね、今この瞬間がピークなの。筋力が日々落ちていく体なのよ。いくら練習したって届くようになるわけないいんだから」

元基さんはもう我慢できなかった。

「やりもしないで『無理』って言うのはないでしょ。やってみなきゃ分からないでしょ。それなら取りあえずやらなきゃだめでしょ。できなかったらその時また考えればいいでしょ」

「絶対にできるんだよ」

元基さんは早苗さんを自宅近くの公園に連れ出し、夜な夜な練習を課した。しっかり18・44メートルの距離を空け、元基さんは的になった。少しずつ投げる距離は伸びていった。

砲丸投げのようだったフォームがきれいになり、日に日に制球は安定していった。

ドタキャン？ サプライズ！

始球式まであと4日。河北新報朝刊社会面にどーんと縦7段抜きの記事が載った。大きな見出しが躍る。

「難病女性、晴れの始球式」「東北楽天の野村監督仲介」

記事には野村監督のコメントも。「同じような境遇の人に勇気を与えられる投球をしてほしい」。

当日は日常的に東北楽天を取材する地元メディア以外にも、東京からも取材陣が来るという。野村監督プロデュースのイベントとして、注目度はがぜん高まっていた。

そして菊地さんもあらすじを描いていた。

①プレーボール直前、選手紹介されたところで野村監督がベンチから早苗さんの乗った車いすを押してマウンド付近へとエスコートする。
②早苗さんから離れた監督は球審の前まで行き、嶋基宏捕手に「俺と代われ」と言って、キャッチャーとしてしゃがんで構える。
③審判がプレーボールを告げる。構えたロッテの先頭打者に向かっていざ早苗さんが投球。監督がボールをキャッチする。

　ここまでの流れを菊地さんが事前に説明すると、野村監督は難色を示してきた。

「俺がやるのかよ」

「いいじゃないですか」と菊地さんは説得を試みつつ、野村監督が何かのたくらみを持っているような雰囲気を感じた。

「まさか監督がドタキャンするようなことがなければいいけれど」


　菊地さんの予感は当たった。

　午後6時の試合開始から約3時間前。三塁側客席からグラウンドに足を踏み入れた菊地さんは、「おーい」と聞き慣れた声を耳にする。三塁ベンチを振り向くと、大勢の報道陣がシートに陣取る中心に、見慣れた顔があった。背番号19のユニホーム姿の野村監督だ。記者たちと談笑していた。「こっちに来いよ」。グラウンドの練習が見やすいように一段高くなっている監督専用特等席に座ったまま、菊地さんを呼びつけてくる。「隣に座れよ」。

一気に注目が菊地さんに集まる。それまで監督の隣席だったスポーツ新聞の記者が席を立ち、「どうぞどうぞ」と譲る。菊地さんはいくら日頃監督と親しくしているからと言って、場違いに思えた。「俺はいいよ」。

ここで監督は切り出した。

野村「あのな、俺は車いすを押さないぞ」

菊地「えっ」

野村「あれな、マー君に頼んだから。車いすはマー君が押してくれることになったから」

菊地「なんですって」

ドタキャンではなくサプライズだった。

早苗さんがマー君ファンだと知ってのことだった。

監督はひそかにベンチで田中へ打診してくれていた。「ちょっと協力してくれないか」と。この試合の先発投手ではない田中も、試合前練習を終えて帰ろうとしたところだったが、気持ちよく引き受けた。「多くの選手がいる中で僕のファンだと聞いたから」と。

その経緯を聞いて、とっさに菊地さんは野村監督に感謝した。

車いすの上から始球式の投球をする沼田早苗さん。捕手は野村監督、打者はロッテ・西岡剛。(09年7月8日、クリネックススタジアム宮城　写真提供:河北新報社)

「うれしいです。ありがとうございます」

始球式当日

プレーボールの午後6時は刻々と近づいていた。

田中が楽天側三塁ベンチから早苗さんをマウンドへエスコートしていった。

立ち位置はマウンドよりやや打者寄りの場所だ。「これなら届くかもしれない」。ベンチ脇から見守りながら、元基さんは思った。

練習では一度も18・44メートルを投げられなかった。しかしもう少し短ければ、せめて15メートル程度なら、うまくいけば届く可能性が出てくる。

野村監督のイラストTシャツにピンクのユニホームを羽織った早苗さん。大観衆の注目を浴び、息をのむ。そして車いすの上から、ゆっくりと投球モーションに入った。

肘がしなるきれいなフォームだ。思いきり右腕を振ると、白球は小さな放物線を描いた。

何度かバウンドして、徐々に推進力が失われる。

それでも、カップを目指すゴルフボールのようにコロコロと転がっていった。

「届け」

祈る思いでいたのは元基さんだけではなかった。

球場全体の人々の思いにも後押しされたかのように、ボールは少しずつ前へと進む。

そこに野村監督が待っていた。

「届いた」

キャッチャーミットでボールを拾い上げると、早苗さんに向かって笑顔を見せた。

球場全体がどっと沸き上がった。

バッテリーは満足そうにベンチへと戻り、田中投手と3人でカメラマンの記念撮影に応じた。

次の休日。

球団には野村監督宛のメールがたくさん来たという。監督はそれを見せに、紳士服サロンにやって来た。

「どれどれ」。野村監督と菊地さんは文面を眺める。「素晴らしい始球式でした」「監督は優しい心の持ち主です」などなど。

「監督、誰のおかげでこうなったのよ。優しい監督だなんて、みんな勘違いしているんじゃないの」

菊地さんが軽い冗談を言うと、野村監督もにんまりと笑い返した。

結婚させてください

あれは4カ月前。

早苗さんは元基さんからプロポーズを受けた。

「早苗とずっと一緒にいたい」

早苗さんが親戚宅を訪れるために、介助してもらって行ったフィリピンのビーチ。座って海を眺めながら、言われた。

交際を申し込まれた時と同じように、早苗さんは戸惑いを隠せなかった。

「わたしでいいの？」

付き合って約2年、体にさほどの衰えはなかった。とはいえ今後、どんどん病気は進行していくだろう。

「本当にわたしでいいの？」

「そんなこと言うな」。元基さんは聞き返した。

「じゃあ、早苗は、俺が目の前からいなくなっちゃってもいいのか？」

早苗さんは大きく首を振った。

「じゃあ、もうそんなことは言うな」と元基さんは立ち上がった。

元基さんの意思の強さに早苗さんは結婚を決めた。

交際し始めてからというもの、2人は互いの実家を頻繁に訪れ、家族同然に過ごしてきた。早苗さんの母も当然、元基さんに親しみを抱いていた。
プロポーズを受けた数日後、早苗さんは母に少しあらたまった声で伝えた。
早苗「あのね、あした元ちゃんがうちに来たいって言っているの」
母「何よ、元ちゃん、いつも来てるじゃない」
早苗「違うの、あいさつに来たいんだって。結婚の……」
母「えっ……」
既に結婚してもおかしくない状況だ。そうはいっても、母は動揺を隠せなかった。一瞬にして数々の思いが頭の中を駆け巡る。
「小学生の頃に難病が判明して以来、弱っていく娘の世話をしてきた。それがつらかったなんて思ったことはなかった。

自分がおなかを痛めて生んだ娘なのだ。

高校を出て、成人式で着物姿を見せてもらい、満足した。

その娘が結婚すると言っている。うれしくない訳がない。

でも娘は自分一人では生きられず、必ず誰かの世話になり、迷惑を掛ける。

どうなったって自分が娘を面倒見続けるしかない。

それは難病だと告げられた、あの病院の帰り道から覚悟していたではないか
想定外の結婚話で感情の大波が押し寄せた母は、娘に向かってひどい言葉を口走ってしまう。

「あんたに結婚なんて無理なのよ。いくら2人が結婚したいって言っても、みんなが賛成してくれない。あんたなんか、普通のお嫁さんの半分もできないし、かえって元基さんの家族に迷惑掛けるわよ」

早苗さんにも再び不安が生じてきた。

「わたしは元ちゃんの家族に受け入れてもらえるだろうか」

元基さんは結婚のあいさつに沼田家を訪れた。早苗さんと彼女の両親に対面して、宣言した。

元基「早苗さんと結婚させてください。両親からの言葉でもあるのですが、みんなで力を合わせて早苗さんを支えていきましょう」

両親「本当に早苗でいいんですか？　元基さんの家族にご迷惑を掛けてしまう」

元基「ここにお邪魔する前にも、自分の両親の気持ちは確かめてきました。大丈夫です。自宅も早いうちにバリアフリーに改装しようと考えています」

後日、あらためて両家の親同士が面会。早苗さんの両親はここで元基さんが言っていた通りだと実感し、感激する。

「早苗の花嫁姿が本当に見られるなんて思っていなかった。早苗を受け入れてもらえるか、心配だったから」

そして披露宴当日。早苗さんの新婦あいさつを聞いて、沼田家の両親は感極まった。

「2人の子供として生まれてきたことをうれしく思います。これからは元ちゃんと一緒だから安心してください」

早苗さんは前が見えないほどに嗚咽している。その姿は両親にもにじんで見えた。

夫婦円満のためのノムさんの教え

披露宴は10月24日の日曜日。新郎新婦は野村監督に招待状を送っていた。

「無礼かもしれないが、シーズンオフだし、ひょっとしたら来てもらえるかもしれない」。だが発送後、野村楽天はまさかの快進撃を始める。披露宴当日は、CSと重なってしまった。

披露宴の最中にサプライズの瞬間が訪れる。ちょうど北海道で日本ハムとのCS第2ステージを戦う野村監督から、ユニホーム姿でのビデオメッセージが寄せられた。ＣＳ直前に球団から契約満了を告げられて間もなく。失意のどん底にいる野村監督とは思えないほど穏やかで朗らかな声が披露宴会場に響いた。

「元基さん、早苗さん、またご両家のご家族の皆さん、ご結婚おめでとうございます。ぜひ晴れの花嫁衣装姿をとくと拝見したかったのですが、非常に残念です。大変失礼かもしれませんけれども、元基君の勇気というか優しさというか、それに感動いたしました。失礼な言い方ではありますけれども、障害を持つ早苗さんを自分の奥さんとして迎え入れる。ご家族の皆さんも合わせて、非常に勇気のいる事だと想像しますけれども、末永く幸せにいい夫婦であってください」

この日、この瞬間はくしくも監督としてグラウンドに立っている最後の時間帯だった。

午後４時に披露宴が始まって間もなく、チームは今季終戦を迎えた。映像が流れた頃、野村監督は両軍選手の胴上げで退任の花道を飾っていた。

ビデオメッセージの結びとして、野村監督は実体験に基づく夫婦円満の方法を定義づけて二人に授けた。

「『夫婦とは夫の思い、妻の思い、お互いの思いをセイチクさせることにある』。これがわたしの夫婦円満の秘訣です。どうぞお幸せに」

「セイチク？」。会場内は誰もが瞬時に意味を理解できなかった。２人が後で調べてみると、「胸中に成竹あり」という故事成語を見つけた。

物事を始める前に出来上がるまでの見通しを立てて置くべきだという意味。竹の絵を描く前に図柄をイメージした上で筆を執らなくてはいけないという絵描きの逸話に由来する。

「野村監督は『言いたいことは言い合って、それぞれの思いをしっかり共有して生きていきなさい』って言いたかったんだろうね」。元基さん、早苗さんにとって、これが野村監督から受けた最初で最後の教えだった。

エピローグ　老将は何を遺しただろう

「楽天なんて監督しなきゃよかったわ」

私は２０１７年秋、八十路に入ったノムさん本人から直接、あの4年間を後悔しているとぼやかれた。

多分に彼独特の憎まれ口だろう、それは間違いない。東北楽天の去り際は「不幸」だったのだから。

私はあの時からずっと、ノムさんへの心残りと不義理、しかるべき記事を書かなかった後ろめたさと無力感……、もろもろ入り交じった「痛み」を引きずった。あの時、同じように東北のファンも胸を引き裂かれるように、ノムさんとの別れを経験した。

それが11年東日本大震災、13年東北楽天初の日本一達成。強烈すぎる出来事が続き、人々の中で徐々にノムさんとの記憶は上書きされていった。

そのためか、東北にゆかりある著名人が歌う復興チャリティーソング『花は咲く』で、ノムさんが「わたしは何を残しただろう」と歌う声は、私にはただ寂しそうに聞こえた。震災で恐れられた「記憶の風化」の対象に、過去の人に、ノムさんがわずか数年でなっている印象を受けた。

そう思ってさらに何年か過ぎた頃、冒頭のぼやきだ。

菊地さんが「何で俺に言わなかった。お前は冷たいやつだな」と伝えられた話を聞いた後、私にとっては「楽天なんて……」が最後の言葉だったのだと再認識した。

そこで遅まきながら、根本的な疑問を解決せずに来たことに気づいた。

「東北に来たことは、ノムさんにとって幸せだったのか。不幸な結末を迎えただけではなかったのか」

野村家の嫁

答えを探るために、どうしても話を聞きたい人がいた。

野村家の嫁、有紀子さんだ。克也、沙知代夫妻が亡くなるまで同居で介護した。

有紀子さんは、夫妻の子息・克則と東京・堀越高で1学年先輩として知り合い、01年に結婚。あの沙知代さんが姑になるという強い覚悟を持って、野村家に嫁いだ人だ。

私はもともと取材を通して面識があったものの、少し緊張して有紀子さんの携帯電話を鳴らした。

あの震災翌日、彼女から励ましの連絡を受けた御礼もしなくてはいけなかった。「被災地では電話も通じないでしょうし、物資も足りないと思います。私にできることなら支援しますから、ご連絡ください」と何度か心温まるメールをくれた。

それから11年後。電話口の声は、以前にも増して、包容力のある人柄を感じさせた。

快く面会を約束してくれた。「せっかくですから、自宅にお越しください」と。監督がよく使ったホテルのカフェが取材場所になることが多い。だがコロナ感染の第7波が落ち着いていて、運が良かった。

約束の日は、彼岸明けの9月26日。私は30度の晩夏の日差しを浴びながら、都内有数の高級住宅地にある野村邸の門を初めてくぐった。

監督夫妻の写真パネルが多く並ぶ廊下を通り抜け、夫妻が日頃過ごしていたリビングの入り口に着いた。ドアを開けると、右手側にはノムさんがずっと体を預けていたというピンク色のソファがあった。そのまわりには現役時代のユニホームなど野球用具、メモリアルな試合の日時を書いた白球がずらり。09年クライマックスシリーズ第2ステージの日本ハム戦で唯一勝利した試合のボールまであった。交流のあった漫画家・水島新司さんが『ドカベン』の山田太郎を右打ちにしたように描いた強打者野村のイラストもある。もはや、ノムさんミュージアムだ。

そして私は左手側に何か存在感のある空気を感じた。

視線を向けると仏壇が鎮座していた。克也、沙知代夫妻と母のふみさんの写真が並んでいた。許しを得て、線香を立てた。

目の前にある長いダイニングテーブルに招かれ、有紀子さんと対面した。彼女は仏壇を背にして話し始めた。ノムさん夫妻がそろってこの家で最期を迎えた。そのせいもあって、私は二人が同席している気がしてならなかった。

親子で上司と部下に

私は最初から単刀直入に聞いた。

「東北での日々は、監督にとって幸せだったと言えるでしょうか」

彼女は夫妻の話をする時に義理の関係をほとんど意識していないかのようだ。「父」「母」と血を分けた者同然に呼ぶ口ぶりに迷いがない。当事者意識が強く、話の内容が夫妻の言葉のように響く。

「それは幸せですよ。だって最後にまたプロ野球のユニホームを着て監督生活を終われたんですよ。毎日テレビに映って、世の中にかわいいおじいちゃんと思われたんですよ」

そして「何より家族としては……」と大きな理由が語られる。

「親子で監督とコーチで歩む日々を3年間も過ごさせてもらえたんです。その点、父もきっと仙台や楽天に感謝していたでしょう」

監督にとって大事だったのは、やはり親子としての日々だったのか。

歴史が浅い球団、穏やかな東北のファンだったからこそ、この「親子鷹」は最後まで許され続けた。

04年秋、巨人を戦力外になった克則は創設時の05年東北楽天で現役続行した。1年遅れて東北楽天監督になった父とともに、有紀子さんと2児の克則一家も09年いっぱい宮城で過ごした。

克則は06年限りで現役引退。選手生活から第2の人生への大転換期、父の率いるチームでスムーズに転身できた。07～09年の3年間、コーチとして父を支えた。指導者として親子が同時に在籍するのはプロ野球史でも極めて異例だった。

実際、監督は選手としてもコーチとしても克則を重用した。周囲に公私混同と思われても仕方ないほどに。

選手晩年は、たびたびファンにもブーイングを浴びた。球団内部からも疑問視された時、監督が「だって親子だもん」とつぶやいた逸話もある。

07年も新米2軍コーチの克則を開幕1軍入りを果たした新人捕手・嶋基宏の教育係に抜擢。1軍に半ば強引に帯同させ、目の届くベンチに置いた。

そこまでして愛息に野球界で生き抜くすべとして「野村野球」を継承しようとした。ファンの視線が厳しい伝統あるチームなら、看過されなかったはずだ。

「当時は、選手として終わりが近づいていた克則さんがどうなっていくのかが、家族みんな心配でした。その後、母が何らか導いた部分があるのでしょうが、親子で上司と部下になった。二人が向き合って過ごせたあの3年間は本当にありがたかった」

目の前で語っているのは有紀子さんに間違いないのだが、私にはノムさんの言葉として聞こえた。

克則は父が去った翌年以降も、プロの世界に求められ続けて生き残り、真価を示した。巨人、ヤクルト、再びの東北楽天を経て、22年からは阪神に在籍。野村野球を最も知る伝承者として重宝さ

楽天では指導者として親子で上司と部下に。沙知代さんの力が働いた部分もあるのだろうか。（写真提供：野村家）

れ、選手として在籍した全球団で指導者を務めている。23年はコーチ17年目。父との比較で過小評価されがちだが、立派なベテラン指導者だ。

確かにだ。

父親と息子の時間はかけがえのないものだったろう。

それは分かる。

しかし、だ。

ここまでの話だけでは、私は正直、腑に落ちなかった。

確かにノムさんは息子の成長を見守る父の「幸せ」を感じていただろうが、ノムさんがあそこまで傷ついた真の理由はきっと別にあるのではないか？

心の奥底にある何らかを踏みにじられたと思ったのではないか？

だからこそ、監督の座から降りざるを得なくなった「不幸」をあそこまであらわにしたのではないのか？

恐らく私が見るからに納得していない顔だったのだろう。察したように、彼女は切り出した。

「でも……」

ここから大きな告白が始まる。

沙知代夫人が「話していいのよ」と優しく背中を押しているようにさえ、私は思えた。

脳の病

「本人の気持ちとは別の家族の思いなんですが、監督はあそこで終わっていて良かったんです。たぶん」

私の中で、今まで抱いていたノムさん像が一気に崩れ始めていく。それも加速度的に。

「本人の望んだようにもう1年監督をしていたら、そこで本当に優勝するようなことになっていたら、グラウンドで倒れて最期を迎えていたかもしれないんです。それほどに監督の体は限界でした」

驚きの展開に私は固唾《かたず》をのんだ。直後「あのことですか」と口を挟む。

心当たりがあった。

東北楽天時代の監督が不意に帽子を脱いだ際、後頭部に縦に一直線の手術痕があるのを何度か目撃した。不思議に思ったが、聞くに聞けなかった。あの頃、身内以外には隠していた。菊地さんが話していたあれだ。

脳の病だ。

ノムさんは阪神監督時代、ズボンや靴をはくために片足を上げた時、「異様にふらふらするんだ」と周囲に明かしていた。沙知代夫人が脱税疑惑で逮捕され、01年冬に辞任。その翌02年3月、野球教室で訪れた和歌山県でノムさんは不調を訴え、帰京して診察を受けた。

医師の診断は「即手術」。平衡感覚をつかさどる小脳に腫瘍があった。

66歳で受けた手術は無事成功した。

家族は九死に一生の思いだった。

「お母さんのあんなことがあったし、結果論だけど、辞めていて命が助かった」。阪神監督辞任劇さえ神の思《おぼ》し召しとして感じられてしまうほどに。

そこからノムさんは信じられないような回復を遂げる。

約半年後、友人の志太勤《しだつとむ》会長の計らいで02年11月、社会人野球シダックス監督になる。

ちょうど球界再編騒動を経て誕生した東北楽天は、1年目に首位と50ゲーム以上離されての最下位。指揮官交代で再出発を期す東北楽天にとっても、プロ球界への復帰を懸けるノムさんにとっても、絶妙なマッチングだった。

かようにノムさんの野球人生は、まわりから予想できないような追い風が吹く時がある。

野村語録「上り坂、下り坂、まさか」そのもの。不屈の七転び八起き人生だ。

口を挟んだ私はもう一呼吸置いて、確かめようとした。

「やはり脳の病気の関係でしたか……」

しかし、違った。

正しくは、それだけではなかった。

一触即発の爆弾を抱えて

語られたのは、野村夫妻が墓場まで持っていった超極秘事項だった。

私は仏壇を背に語る有紀子さんの言葉に度肝を抜かれる。

「実はもっと重い命を左右する病気があって……。だから楽天の監督を引き受けた時は、私も『お父さん、まだやる気なの』って思ったくらいでした。『でも、ユニホームを着てこそのお父さんだよね』って割り切るしかありませんでした」

解離性大動脈瘤だ。

野村監督はそれで長期入院した経験がある。9年間の解説者生活を経て54歳で球界復帰、ヤクルト監督になった。就任間もない1989年秋季キャンプ中、心臓から流れ出た血液が注ぐ大動脈が内側から裂けていく大病が判明し、チームを離れた。そこで克服したはずだが……。

「実はあの時、心臓の手術をしなかったんです。それからずっと薬を飲んでしのいでいたんです。一度仕事を失えば、ほかの人に立場を奪われてしまうという危機感がすごく強かったですから。弱みは見せたくなかったんでしょう」

「父の場合、大動脈が和紙みたいに透けて、血流が見えるくらいの薄さでした。もし大動脈が破裂すると、救急搬送しても間に合わないそうです。だから日常的に、ちょっとした負荷が体に掛かるだけでも危ない。ヤクルト時代の担当医師はおっしゃっていたそうです。『優勝の胴上げとか、海外への優勝旅行とかニュースで見ると、こっちの方がドキドキするんだよ』って」

何ということだろう、とんでもないことを聞いてしまった。

ノムさんは常に「死」と隣り合わせだったのだ。

一触即発の爆弾を体に抱えていたのだ。

ヤクルト監督就任はノムさんにとって、やっと訪れた人生の再出発だった。逆襲の絶好機だった。「健康不安説」などもってのほかだった。

戦後初の三冠王になり、ずっと通算本塁打数もトップを走り続け、超一流選手だった。それが沙知代さん絡みで、スターダムから転落した。そこから雌伏の時を経て、念願の監督就任だ。終生のライバル・長嶋、王が巨人監督として成し遂げられなかった日本一を達成すれば、先んじて名将の仲間入りができる。「月見草」の花を再び咲かせるため、ノムさんは執念に燃えていた。だから、病気は徹底して伏せることにした。就任当初、よく着けていた色の入った眼鏡。あれは衰弱した顔を隠す仮面だったのだ。

結果、選手に続き、監督としても超一流になった。ヤクルトを3度の日本一に導いた「考える野球」は球界の一般教養と言えるほどに浸透した。監督晩年は、次々と病に倒れたＯＮに代わって、もはや「ヒマワリ」に。球界の顔であり続けた。

病気発覚から楽天監督退任までちょうど20年。どれだけ執念の炎を燃やし、命を削って、駆け抜けたというのだ。

しかも脳腫瘍を患ってからは足元さえおぼつかなかったではないか。私の脳裏に「傷だらけの老将」という言葉が浮かんだ。

彼女も同じようなことを回想していた。

「父がよく冗談で『あした、死ぬぞ』とか言っていたでしょう。あれ、冗談じゃなかったんです。転んだだけでアウトですから。脳腫瘍手術の後も、歩みはふらふらとしていましたし、常に家族は心配していました。ただありがたいことに楽天では幸いにも克則さんが監督に目配りできる立場でいましたし、専属広報さんにも常々お願いしていました」

「転んだらアウト」

この一言で、私は遠い記憶になっていた出来事を思い出した。

東北楽天監督時代、07年2月からの久米島キャンプでノムさんが転ぶハプニングがあった。チーム宿舎のホテル入り口、階段を上ろうとしてつまずいた。一挙手一投足全てが取材対象になっていた時期。「ノムさん、転んだ」とスポーツ新聞で大きく取り上げられた。

翌年のキャンプ、ホテルは階段の脇にスロープを用意した。真新しい傾斜道を歩くノムさんを狙って、報道陣が集まった時だった。「今年は転ばないよな」「いや、今年も、かもよ」と冗談を言い合う記者やカメラマン。それを見た専属広報が「あんたら、いいかげんにせえよ」と関西弁で声を

春季キャンプで報道陣に囲まれる野村監督。２年前の「転倒」がいかに危険なことかを知る者は少ない。（09年２月７日、沖縄県久米島　写真提供：河北新報社）

荒げ、怒った。

当時は相手の虫の居所が悪かったのかと思った。だが今思えば、広報は監督の安全を守るのに、四六時中必死だったのだ。

監督は西武の本拠地戦は苦しそうだった。グラウンドから宿舎への送迎バスが待つ球場外へと続く１０８段一直線の階段があった。「この階段、俺を殺す気か」と息も絶え絶え、時折足を止めながらふらふら歩いた。ある年、西武側が配慮して、階段に手すりを設置してくれた。それでもノムさんはつらそうだった。時に専属広報や番記者が代わる代わる背中を後押しした。私の手がノムさんの心臓を圧迫していたかもしれないと思うとぞっとする。

そしてあの胴上げだ。09年のCS第2ステージ敗退後に東北楽天・山崎武司、日本ハム・稲葉篤紀らまな弟子たちが音頭を取って行った両軍による胴上げ。74歳の野村監督の中で最も死を意識した胴上げだったのだろう。

動かない「亀理論」を貫いたのも、「血液さらさらになる。高血圧にいい」と言ってカバノアナタケ茶を好んで飲んだのも、単なる健康法ではなかったのだ。

グラウンドで最期を迎えたかった

私は数々の伏線が回収されていく気がした。ノムさんが常々明かしていた理想の最期。そのパターンの一つが頭をよぎった。

「優勝が決まって、克則たちが俺を胴上げしてくれるんだ。でも宙を舞った俺を下ろしてみたら、もう死んでいた」

思い出すままに口にしながら、有紀子さんに尋ねた。

「当時は『またか、縁起でもないこと言うなあ』と思って聞いていたんですが、本心だったんですかねえ……」

彼女も晩節の義父を見るにつけ、同じことを考えていた。

「そうなんですよ。父本人がグラウンドで最期を迎えたいって言い続けたのだから、本当にさせてあげられればよかったのではないか。それが心の底からの思い、本望だったんじゃないかって」

ここで私は全ての疑問が解けた気がした。

ノムさんは本当にユニホーム姿のままグラウンドで死にたかったのだ。

ノムさんは「大リーグでは87歳まで監督した人がいる。体が動かなくったって、頭が元気なら采配はできる」と豪語していた。東北を去った後も、どこかの球団で現場復帰できないかと願った。解説者として年老いても変わらぬ知将らしさを見せ続けた。

監督として球場で死にたい。でもまず体が健在であることを証明できなければ、現実的に現場復帰の誘いも来ない——。そんな思考が働いたと考えてまず間違いないだろう。80歳を目前にした14年冬、一つの決断をする。

「体力がある今のうちに手術しませんか。寿命をあと5年延ばすつもりで」。医師の説得に応じ、ついに心臓手術を受け入れる。

しかし、それは想像以上に過酷だった。

集中治療室（ICU）での大手術だった。胸の左脇と中央部を大きく2度切開した。2度目は心臓の働きを一時的に止め、別の機械に置き換えて行われた。一人また一人とICUを去って行く中、一週間にも及ぶ長丁場を戦い抜いた。

「河北新報を味方にできなかった」を、私が書いたのがこの頃。ちょうど「野村大病説」が流れていた。

それを一蹴しようと手術前後、監督夫妻は徹底して普段通りに振る舞い、偽装工作をした。手術前にもかかわらず、夫妻は著作の出版発表会に臨んだり、大相撲観戦に訪れたり。沙知代夫人は報道陣を避けるために夫の見舞いに一切行かなかった。代わりに有紀子さんをひたすら通わせた。

ノムさんは年明けに退院してきた。

「あれだけ大変な手術をしたのに、やっぱり最後の最後の最後まで、もう一回監督をしたいと思っていたんでしょうね」。見守り続けた有紀子さんは、またも驚異的な復活を遂げた姿にただ驚かされた。

何より自尊心が相変わらずなのだ。彼女が「お父さん、これからは歩く練習をしましょう」とリハビリに誘っても、運動嫌いのノムさんは「俺を誰だと思ってるんだ。そんなことしない」の一点張り。着せ替え人形のように衣装を変えさせてもらい、車いすを押してもらいながら、精力的に仕事に出て行った。

あの妻がいなければ

何がノムさんを何度も何度も再起へと向かわせたのか。あるノムさん語録を思い出した。厳密に言えばサッチー語録だが。

1977年、南海の選手兼監督だったノムさんは後の沙知代夫人との不適切な関係を問われ、一度野球を捨てた。見送る人もほとんどいない状態で慣れ親しんだ関西を離れ、幼い克則と3人で東京を目指した。その車中「これからどうやって生きていこう」と不安がるノムさんを、沙知代さんが励ました。

「大丈夫よ、なんとかなるわよ」

どん底から野球界に逆襲を仕掛け、栄光の舞台に戻る度に挫折と退場を繰り返す。そんな二人の波瀾《はらん》万丈人生を支え続けた象徴的な一言だ。

それから40年、ノムさんにとって、3歳上の沙知代さんは妻であり、野球界を生き抜いてきた同志であり、甘えられる母のような存在だった。

「あの妻がいなければ、俺は今ごろ関西ローカルで解説者でもしていたんじゃないか」

沙知代夫人は愛に飢えた末っ子気質が根っこにあるノムさんの尻をたたくというよりも、ぐいぐい牽引し続けてきた。

無敵感さえ漂う沙知代夫人にも老いは忍び寄る。

２０１６年秋、84歳で自宅の階段から転落した。背骨が折れて背中にボルト12本入った。それでもリハビリを経て戻ってきた。満身創痍でも前へ進もうとする妻の肩を、81歳の夫はグッとつかんで付いて歩いた。そのいびつな二人三脚に、有紀子さんは老いても変わらない「婦」唱「夫」随を見た。

ノムさんは沙知代夫人との歩みが続く限り、グラウンドへの執着を捨てなかった。しかし17年12月8日、その推進力を失う。

沙知代さんはノムさんの尻を叩くというよりも、ぐいぐいと牽引し続けてきた。(写真提供：野村家)

昼過ぎ、夫人は自宅にいて、ダイニングテーブルに突っ伏していた。具合を聞く夫に「大丈夫よ」と言い残して亡くなった。虚血性心不全だった。

いつ死んでもおかしくない気持ちでいたノムさんは常々、夫人に願っては言った。

「俺より先に逝くなよ」

「そんなの分からないわよ」

沙知代夫人も旦那に見守られ、先に逝くことを内心望んでいた。「マミー」の呼称で家庭内の頂点に君臨し続けた夫人は最期まで我が道を歩んで、逝った。

残されたノムさんは失意に暮れた。何か思い悩むようなことがあると口癖のように力なく言った。

「マミーなら何て言うかな」

「なんとかなる」。よりどころを失ったノムさんはそう思えなくなっていた。希望を失い、死を悟り、家族の前でだだをこねるようになっていた。

「俺もどうやったって死ぬんだ」「痛いのだけは嫌だ」

プロ野球界にいて染みついたナイター仕様の生活リズムは84歳になっても変わらなかった。昼過ぎに起きて食事。解説や取材がある時は、夕方から家を出て行って試合のある午後6時前後にスイッチが入った。自宅にいても、ナイターやスポーツニュースを見てから入浴、就寝する夜型生活を続けた。

二人の人生のゲームセットまで

20年2月11日、ついに「その日」は来た。

ノムさんはハンバーグ、炒り豆腐、おかゆを残さずぺろりと食べ、自宅で過ごしていた。

夜、11日に日付が変わってから風呂場へ。泊まりがけで世話に来る家政婦が脱衣所から声を掛けた。

「大丈夫ですか」

「大丈夫だよ、もう上がるよ」

ノムさんはしっかりと答えた。

10分おきの声がけが約束事項だ。家政婦は再びノムさんに様子を聞いた。しかし今度は返事がない。彼女は異変を感じ、浴室のドアを開けて入った。

ノムさんは湯船であおむけになったまま、動かなくなっていた。午前2時ごろだった。

家政婦はすぐ有紀子さんに事態を伝えた。有紀子さんは大至急で救急車を呼び、一緒に病院へ。

「おぼれてしまったのだろうか。苦しませてしまったのだろうか」

車中、自責の念ばかりが募った。

到着した病院で医師に告げられた。沙知代夫人と同じ虚血性心不全だった。

「心臓の鼓動が弱くなって、そのまま亡くなられたんですね」

説明を受け、有紀子さんは少しだけ安堵した。

「きっと最後に胴上げの夢を見ながら逝けたんだわ」

理想の形とは違ったものの、ノムさんは思いを遂げ、夫人と同じく自宅で最期を迎えた。

有紀子さんは二人の人生がゲームセットになるまで、秘密を守り続けた。

それを重荷と感じていたのか、あるいは偉大なる夫妻を支え続けた誇りだったのか。

告白を終えると、彼女はほっとしたような穏やかな笑顔になった。

その後ろで、ノムさんと沙知代夫人もほほえんでいた。

わたし、ALSではないんですよ

「年々具合は悪くなっているみたいなんだ。俺も何年も会っていないから、今どうしているのか。三越も辞めたみたいだし……」

菊地さんは、少し心配そうな表情を浮かべながら、早苗さんに電話した。しばらくコールを続けてつながった。「早苗ちゃん、久しぶり。あなたの取材に行きたいという人がいるんだけどさ……」。

後日。私は仙台市内にある早苗さんの実家前にいた。

思えば、あの始球式から13年だ。彼女は体の自由が失われていくALSと闘い続けてきた。お邪魔する先ではきっとベッドで療養中なのだろう。体がほとんど動かせないかもしれない。

しかし、仮にそうであればこそ、早苗さんに知らせるべきだ。

ノムさんだって死と隣り合わせの大病を秘密にしたまま、命の炎を燃やし続けたことを。

その事実は、彼女が今どんな状況にあったとしても背中を押すはずだ。

何より、ノムさんと菊地さんからの最後のエールになるだろう。

私はそれを伝える役目を託されたのだろう。勝手に使命感を持っていた。

インターホンを押す。

ドアの向こうから予想外に明るい声が響いてきた。

「どうぞー」

女性のようだ。介護をしている早苗さんの母だろうか。

違った。

引き戸を開けると、車いすに乗った早苗さんが出迎えてくれていた。

まわりには夫の元基さんと3人の子供も。

早苗さんは37歳、母親にもなっていた。予想外に元気そうな姿。そのせいか、後光が差しているようにまぶしく見えた。


リビングへ場所を移すと、彼女はあれからの歩みを語り始めた。

11年に東日本大震災を経験した秋に長男を出産。14年に長女、17年には次女に恵まれた。

その間も病気はひたひたと体をむしばんだ。痛みなどの感覚はあるものの、下肢は自分の意思で全く動かせなくなった。

次女出産の頃から上肢も自由が失われ始めた。握力が弱まって、物をつかんだり、紙に文字を書いたりする動作に支障が出てきた。

車いすからトイレへと自力で移る動作がつらくなった頃、20年10月に三越を辞めた。

野村家に続き、私はここでも驚きの告白を聞く。

「実はですね。わたし、ＡＬＳではないんですよ」

何ですって？

「もっと誰も聞いたこともないような難病だったんです。4年前に判明して」

病名は「GM－2ガングリオシドーシスサンドホフ」。国内でも症例が片手で数えきれるほどしかない難病中の難病だ。

彼女の説明によると、体の自由が失われていく症状はALSと似ているが、原因が違うという。分解する酵素が不足するために糖質や脂質が脳にたまる。その影響で神経から筋肉に信号が届かなくなり、動作に不具合を来すらしい。乳幼児が発症し、10歳くらいまでに亡くなる場合が多い。

ALSなら進行を遅らせる治療薬が既にある。しかし、早苗さんの病はまだ製薬会社による臨床試験の段階だ。治験参加者は世界で約70人、国内は早苗さんを含め2人しかいない。遺伝子治療が始まる流れもあるにはあるらしい。

ALS以上に大変そうだ、という先行きの険しさはとにかく私にも分かった。


それにしてもだ。

なぜだろう、会話に重たい空気が一切ないのだ。

彼女に悲壮感のかけらもない。

取材経験から言うと、けがから復帰を期するアスリートと話しているような感覚がした。肘や肩を手術した後の投手、脚の靭帯を切ったサッカー選手らのような。彼ら、彼女らに「自分が完全復活できるか不安に陥る時期を通り過ぎると、違う景色が見える」と聞いたことがある。希望に懸けて努力を惜しまない。全力で光の差す方へと向かい続けられる心境。

そういう強い意思が、ここから彼女の言葉に漂い始める。

「わたし、この病気で死ぬ気がしないいんですよ。だってそもそも今日、明日に死ぬ病気じゃないんですから」

言われてみれば、そうなのかもしれない。普通よりもはるかに早く老化が進むような病ではあるが、毎日決死の覚悟でいる必要はない。

「『どうせ死ぬんだ』とだけおびえて過ごしていたら、時間がもったいない」

「興味を持ったことは迷わずやってみる。後でできない体になってから後悔したくはないから」

こう語り続けた後、ひときわ力強い言葉を放つ。

「病気は治ると思っていますし、家族でも『治る』『治る』と言ってますよ」

決して、つよがりではない。早苗さんは信じきっているのだ。復活の日を。

「将来、また歩ける日が来る。その時に筋肉がなかったら、何も始まらないじゃないですか」

こう言ってリハビリやトレーニングを怠らない。サイクルマシンなどを自宅に導入。機械に動かされる両脚を見ては、自分を鼓舞しているのだ。おかげで両脚は一般人と比べても細さを感じさせない。再び自分の運転で東京ディズニーランドに行く日を夢見て、運転免許証の更新も続けている。

「夫と共働きでいけるうちは稼ぎたいですから。子供3人の将来のためにも」

三越を退社した半年後の21年春、早苗さんはベンチャー企業に就職した。完全リモートで自宅勤務できるから、家族やヘルパーの介助でトイレの不安もない。

「何かしないと落ち着かない性格」と言うほどの行動力は増すばかり。「今できることは、とにかくすべてやってみたい、挑戦したいと思うんです」

三越時代は、同僚とともに車いすで被災地を走るマラソン大会に毎年のように出た。パラグライダーで空も飛んだ。今の職場では、昼の休憩時間、オンラインで同僚と一緒にテレビ番組『筋肉体操』の筋トレに励む。『ポケモンGO』のために出歩けない日は少し物足りない。

菊地さんが電話した時だって、実家近くの貞山堀《ていざん》にいて、子供たちとテナガエビを釣っていた。

「だから電話に出るまで時間掛かっちゃって。でも夜にみんなで素揚げして食べたらおいしかった」。

私が帰った後も夕方からエステに行くらしい。

今を全力で満喫しようとする彼女の話を聞き、私は「ここまで前向きでいられる理由って何なんですか？」と素朴な問いを投げかけた。

すると元基さんが解説を加えてくれた。

「今でこそこんな感じですが、昔は『病気は治らないんだ』ってよく言っていたんです。変わっていったんです。始球式、結婚、出産、育児と段階を踏んで」

そうか。転換点は、紛れもなくあの始球式だったのか。

三越に就職して、車いす勤務をしていた早苗さんは、親しい友人らに囲まれる学生時代とは違う空気を感じていた。奇異や哀れみの視線にさらされた。それを常々肌で感じていた。「つらい思いをするだけなんだから。車いすの障害者と思われながら、わざわざ働かなくたっていいんじゃないの」。わざわざ助言してくる人もいた。

その度に思いが胸中にわき上がった。

「自分はかわいそうな人間でもなんでもない」

「世の中の人だって、みんな大小の差はあっても心や体に悩みがある」

「わたしがみんなと同じように扱われないのは、病気のことを知ってもらえていないだけのこと」

ただＳＮＳも今ほど浸透していない時代だ。「発信」するには限界があった。近しくなった人に時折説明することはあっても、「こういう病気を子供の頃から抱えてきたの……」と長々話すと、相手は大概「何それ？」という顔になった。

だから始球式の誘いは心底うれしかった。「野村監督と一緒なんだから、絶対に注目が集まる」。そして勇気を出して大観衆の前に出た。新聞やテレビの取材も可能な限り全て応じた。

「自分の存在を伝えてくれる記事を書いてもらえて、病気が認知された。会う人みんなに『今まで分からなかったよ』と言ってもらえた」

始球式で、早苗さんも生まれ変わり、とりまく世界も一変した。

野村監督と菊地さんは「体の自由が利く今のうちに」と「思い出作り」のつもりで、始球式をお膳立てしした。しかし、早苗さんはそのチャンスを意識的に最大限に活用して、未来を切り開いたのだ。

ノムさんの教え

私はそろそろ「使命」を果たさなくてはいけない時だと思った。

「実は野村監督は亡くなるまで秘密にしていましたが……」と切り出す。早苗さんは神妙に話を聞いた後、納得の表情を浮かべた。

「あの頃のわたしと同じように、監督も他人と共有できない病気を持っていたんですね。でも実はわたし、何となくは感じていましたよ」

どういう意味ですか？

「だって、始球式の時も、結婚式のビデオメッセージも、監督は私たちの立場を配慮する優しさにあふれていて。なんでわたしにここまで思いを寄せてくれるのだろうと思っていたんですよ。大変な何かを抱えていないと、あそこまで人を思いやることはできないと思います。病気を抱えながら頑張っている人だからこそ、わたしの苦しみにも気づいてくださったんだと思うんです」

私が伝達役をするまでもなく、ノムさんの思いは早苗さんにしっかりと伝わっていた。

彼女はビデオメッセージで、夫婦円満の秘訣として教わった言葉「セイチク」を胸に、野村夫妻と同じように言いたいことを言い合える関係を築いてきた。

「わたしも夫も『なんとかなる』と思って今日まで歩んできました。そしてあしたからも、きっとそう信じて生きていく。監督夫妻もそう言ってたんですか？　やっぱり何かありますね」

そう、きっと人生は「なんとかなる」のだ。困難を乗り越えようとする意思さえあれば。それこそがノムさんの教えだと、彼女の姿が体現していた。

（了）

「今こそノムさんの教え」（河北新報オンライン・ニュース：2021年5月29日～22年3月26日）に大幅加筆を加え、再構成しました。プロローグ、第6章、第8章、エピローグは書籍化のための書き下ろしです。

2007年３月、フルキャストスタジアム宮城にて
写真提供：河北新報社

金野正之
（こんの・まさゆき）

1975年2月28日、宮城県白石市生まれ。仙台向山高、立教大文学部史学科卒業後、1999年河北新報社入社。2004年から写真部でカメラマンとなり、06年からスポーツ部でアマチュア野球、07～09年野村克也監督率いる東北楽天を担当。13～15年はJリーグ、なでしこリーグ、16～18年梨田昌孝監督の東北楽天を担当。21年5月～22年3月に河北新報オンライン・ニュースで野村哲学をつづる「今こそノムさんの教え」を連載。

◎ Twitter アカウント　金野正之@河北新報と「野村克也は東北で幸せだったのか」の人

野村克也は東北で幸せだったのか

第1刷　2023年1月31日

［著者］
金野正之

［発行者］
小宮英行

［発行所］
株式会社徳間書店
〒141-8202
東京都品川区上大崎3-1-1目黒セントラルスクエア
電話　（編集）03-5403-4344／（販売）049-293-5521
振替　00140-0-44392

［印刷・製本］
三晃印刷株式会社

ISBN978-4-19-865594-5